AQUARIUS

AQUARIUS

Vision

一些人物，
一些視野，
一些觀點，
與一個全新的遠景！

羞辱創傷

最日常，卻最椎心的痛楚

周慕姿 諮商心理師

【推薦序】

看見傷，清除恥辱的印記

李崇建（薩提爾成長模式推手）

知道周慕姿始於《情緒勒索》。

二〇一七年，「情緒勒索」成了熱門詞彙，我才注意到這是一本書，且竟然是寶瓶文化出版。好奇之下，我翻閱網路簡介，原來她擔任樂團主唱，而且是重金屬樂團。我閱讀著文字簡介，心中往事浮想連翩，我想起自己的學生山。

山熱愛聆聽死亡金屬，也擔任重金屬樂團鼓手。當年，我已經三十五歲了，聽這音樂覺得「不妥」，從歌詞到樂曲都「欠當」。我希望山不要再聽、不要再玩這種音樂了。

山反而質問我，什麼是好音樂。我裝得理直氣壯，卻支吾其詞地回答，譬如聽來舒服的古典樂。山卻告訴我「舒服」是個人感覺，審美也是個人感官。有人聽不下去古典樂，但是，有人聽了「死金」卻感動。

我知道自己有很大的侷限。

山教我怎麼聽「Slipknot」，聽那唱腔，看那華麗造型，他說自己感動得掉淚。我其實耳膜快破了，心臟也不能承受，但是，我可以懂得他的話，只是距離我非常遙遠，所以日後他到台中公演，我人雖然去為他捧場了，但是卻站在人群之外。他滿身大汗淋漓，如此投入著他的音樂，那個我不理解的世界。

山是我教育路上的導師，所以看見慕姿玩重金屬，又是專業的心理師，心裡挑起豐富的況味，我下單，成了她的讀者。我買過慕姿的書，除了《情緒勒索》、《過度努力》，還有受贈的《關係黑洞》。我深深讚嘆慕姿，她具有一種獨特能力，能將某種模糊的、難以名狀的生命狀態，清晰且有條理地歸納，印證以生活中的案例，具備說故事與分析整合能力，予人重重地衝擊與反思，引人在生活中增添覺察。

《羞辱創傷》也是這樣的一本書。

慕姿整理了諸多概念，彙整成生命中各種情境，說出了同為創作者，我寫不出來的深刻經驗。

一般人並不大明瞭，成長中各種形式的對待，其實已達到「羞辱」的層級，有些隱形的語言傷害、以為對人好的各種安慰、那些發心善意的語言，或是照顧者本身心靈的恐懼，造成了人們日後的身心反應，都是羞辱創傷的一部分。

書中有位女孩，被媽媽指為拖油瓶，女孩努力讓自己不添麻煩、努力去解決別人的麻煩，她犧牲自己、沒有需求，照顧著每個人。長大後，女孩恐懼著被拋棄，凡事都歸咎於是自己的責任，那怎麼會懂得愛自己？

我看著就想到了好多人，不都是這樣遠離自己？與自己陌生得難以靠近？

慕姿在書中提及自己的經歷，她「被欽點」選舉全校模範生代表，但因全班選她的僅有一個男同學，於是老師請全班同學輪流上台，陳述慕姿「為什麼不適合當模範生，讓她好好檢討」。

讀到這裡，我心被狠狠揪了一下。當天坐在班級裡的女孩，既承受著老師「欽點」的好意，又承受著同學輪流的批評。我感覺身體被槍枝掃射，心裡也被捅了個大洞。

這是個什麼樣的場景？

慕姿很坦然地揭露：「我想起當時的感受，那種被老師羞辱、自己不夠好的羞恥感、對同學與老師的憤怒與受傷、看著同學眼淚的罪惡感……這種非常複雜的情緒，像海嘯一下朝我淹沒，最後我感覺到的，只有麻木感、想躲起來的退縮，還有對世界與人產生極大不信任的感覺。」

我想起工作坊中，諸多成人的回溯，還有好多孩子的傷。

我也想到自己的過去：小學時候因為不寫功課，帶著彈珠到校玩耍，老師在課堂談到童玩，當場要我展示彈珠技巧，隨著又諷刺我只顧玩耍，要我到教室後半蹲。我在教室蹲了兩堂課，蹲到手腳都顫抖，蹲到同學笑著調侃。我從得意的歡樂裡，掉入羞辱無恥的深淵。中學時因物理考試考了五十九分，差一分就及格，我被老師當眾叫到台前，在頭頂剪了硬幣大的光頭，然後，一整天在學校度過，同學忍不住嘲笑著，直到回家，我剃光整顆頭。

那種恥辱的印記經年猶存，讓我對世界產生害怕，不只對世界不信任，對自己也不能相信。

長久以來，我失去愛自己的能力，我又怎麼懂得愛人？

當人曾受羞辱創傷，面對不同的觀點，面對未滿足的期待，可能都會挑起心中的傷口，在反應上出現不當慣性，對於自身出現的情緒，也可能不知如何應對，讓這些傷害延續下去。

慕姿列出的這些狀況，陳述的這些畫面，都很深刻挑起人的經驗。在這些概念與案例裡，讀者很容易重新看見自己，這是一種覺察的方式，也是療癒的開始。慕姿更進一步，在書的最後部分，提供了很多方法，邀請有如此經驗的人，可以如何面對自己，一步一步走上療癒之途。

我想起當年玩團的山，他鍾愛聆聽與演奏「死金」，不僅挑起我複雜的感受，我們在觀點上的差異甚大，也不符合我對他的期待，但是，我最終接納了他。是因為當年我已進入學習，學習如何認識自己，如何瞭解自己的過去，如何面對我的家人、學生與朋友們。如今，慕姿這本《羞辱創傷》，正如我當年參與的學習，以這麼貼切誠懇的闡釋，帶領讀者認識自己，學習懂得愛自己。

很感謝慕姿的創作，那是我能力難及之處。因為她的出現，讓很多不易表述的面貌，清楚、簡單地呈現在眼前，為人們帶來更多的看見。

【推薦序】

重獲靈魂——心的創傷與修復

鐘穎（愛智者書窩版主；心理學作家）

從遭受羞辱後的行為表現到邁向療癒的方法，周慕姿心理師再次發揮她過人的才華，對這個長久在許多人心中隱隱作痛的創傷議題，做了全面性的介紹。

羞辱是親密關係的殺手，這在臨床中，幾乎是隨處可見的現實。當它被用來對待孩子的時候，它所帶來的創傷回憶會讓人受困在童年的時光。一種身體即便長大了，仍無從對自己的生命經驗客觀看待的停滯現象。其最致命處，在於使人無從尋獲自身的意義，它是一種被完全擊敗的體驗，因而使人置身於黑暗中。

飽受此經歷所苦惱的當事人，有時甚至會表達自己似乎失去了「靈魂」，因此無從感受到日常生活的神聖性，或者體驗到那些基本的生存意義。

換言之，當事人失去了對整體性（wholeness）的感知，從而變得支離破碎。沒有能力抵禦羞辱的孩子會因為羞愧與自責，而失去了這樣的能力，從而造成情感與事實之間的「分裂」，並讓我們產生作者在書裡所描述的各種僵化的自我防衛機制。而用神話的語言來說，就是讓人身陷地獄。

但丁在《神曲》中用過這麼一段話描述地獄之門：「進來此處的人們，你們必須把一切希望拋開！」為什麼？因為受創者的人格核心已經被層層防衛給包裹，完全失去了可以選擇的自由。沒有自由，就無所謂希望。

在我的經驗裡，遭受羞辱創傷的當事人不僅會在腦海中重複播放事件發生時的場景，甚至還會用相同的語言來自我羞辱。他們自厭、自毀、對類似的情境過度防衛，從而讓自己在人生的種種可能性面前裹足不前。

他們在另一半面前總是缺乏自信，覺得自己沒資格升遷，自己的成就只是運氣好。他們過分地謙卑了，或者反過來，總是表現得像一個自大又不懂得同理他人的混蛋。

羞辱不僅如書中所說的是一種懲罰，也常常被當成一種武器，在所有權力不對等的情境下攻擊和傳播，例如：親子、師生、職場以及網路。後者最常以匿名羞辱的方式來貶低他人的人格，從而造成程度不一的創傷。這點，尤其值得社會大眾注意。

在阿拉伯著名的傳說文本《一千零一夜》中，冒險英雄辛巴達就曾遭遇這個令人絕望的創傷處境。故事描述他的妻子去世，根據當地風俗，他必須和去世的妻子一起被丟進地底的巨大屍坑中等死。那個不見天日的黑暗之處將會扭曲我們的時空感，使自我永恆地停留其中。辛巴達必須孤單地面對自己的創傷。

這則故事象徵性地描繪了創傷倖存者的心境，它猶如內在配偶的喪失（用榮格心理學的語言來說，就是阿尼瑪或阿尼姆斯），當事人卻在還沒來得及完整哀悼時就被社會給拋棄，只能在屍坑中等待死亡。其實我們周遭並不必然只有惡意的眼光，但羞辱帶來的愧疚感，卻讓我們成為了自身假想情境的孤兒，覺得自己沒有資格被愛、我很糟糕、我不值得。

周慕姿心理師因此在書中提出了「療癒六階段」，在我看來，其要點在於處理那個被我們給內化的加害者。如果不能從內部中止那個壓迫自己的對象，自我狀態的穩定、健康的內在對話與人際關係就很難建立起來。

對創傷倖存者的心理教育，是重要的。這一點，這本書對羞辱所造成的創傷反應提供了極為全面的介紹。但是，社會支持的提供，也同樣重要。因此我們應該對他人抱持著健康的依賴，在行有餘力之時，也努力地成為他人可以健康依賴的對象。

在但丁遍遊地獄之時，是詩人維吉爾陪伴他層層下降；當他離開時，則是愛人貝緹麗彩帶他前往天堂。從故事分析的角度來看，正是社交網絡對當事人的接納，緩和了他們的痛苦。

我不想在此處奢談創傷後的轉化，因為治癒的過程其實更仰賴行動的介入。當事人試著重建社交網絡的同時，社會中的每一個人也可以試著讓自己變得更加寬容，因為一個有愛的社會才能接住每個受過傷的孩子與大人。

正如你可能聽過的林投姐傳說那樣，女主角李昭娘最終在無人幫忙的孤獨處境下，掐死了自己的孩子，自縊於林投樹上，從而成為厲鬼。

這則傳說訴說的，是創傷經驗往往會汙染整個人格，那是人在與「惡」過於靠近所帶來的後遺症。

羞辱會藉由代間傳遞或權力運用，重新施加在任何一個孩子或無辜者身上。阻斷它，不僅是為完善這個社會付出了一份心力，同時也常會涉及個人陰影的收回以及對內心情結的認識。而這一切不是榮格心理學所追求的「個體化」，又是什麼呢？

行文至此，讀者或許會好奇辛巴達最後怎麼逃離這個巨大的屍坑吧。在那裡待了不知多長的年月，辛巴達才終於在一隻動物的帶領下，找到了山壁上的出口。在童話故事裡，動物往往是靈魂的象徵。失去靈魂、無法言語、置身黑暗的創傷倖存者，終於在漫長的迷失之中，修復了自身，潛意識為他送來了一隻代表靈魂的動物。在這個原先沒有出口的黑暗，辛巴達終於找到了通往大海的門。

願所有因各種形式的羞辱而背負創傷之苦的人們，都能因為這本傑出的作品，再次與自己的靈魂相遇，再次通往自由的大海。

羞辱創傷

【序】

寫在《羞辱創傷》之前

寫《羞辱創傷》這本書時，不免自己、身邊人的過往創傷經驗，像走馬燈一樣跑進我腦海。

在我寫到「教師霸凌」時，剛好許多人和我分享這類的經驗，而這類羞辱創傷所造成的自我懷疑與痛苦，很多時候對我們的影響極為深遠。

我自己曾有個經驗：

小時候學鋼琴時，遇到了一個很嚴厲的鋼琴老師。當然，在那個時候，許多父母都會跟老師說：「如果我的孩子不乖，請盡量教、盡量打。」現在想來，這樣的說法，除了與「不打不成器」的文化有關之外，也是父母想要讓老師知道：「我是一個明理的父母、會好好教小孩，不是那種會為了溺愛小孩而不管他的父母。」

也就是說，父母說出這段話，代表的是自己很負責任、捨得讓孩子「吃苦」，以換得更好的未來，而不會溺愛小孩，造成別人的困擾。

所以，我媽媽不免俗地也對老師這麼說，而老師也沒客氣。當時我報考的英國皇家鋼琴檢定，在聽力相關的主題上要求很高。如果你沒有絕對音感，幾乎是無法通過。同時間有一個孩子與我前後上課，他是一個很認真、琴彈得非常好的學生，但因為沒有絕對音感，在聽力的練習上，非常吃力。

我印象很深刻，每一次，老師讓我們一起做模擬測驗時，答不出來的他總被老師「修理」：用尺打、把琴譜摔到他身上、推打他、辱罵他……那過程對於還是小學生的我來說，是非常可怕的，即使我只是一個旁觀者。如果連我都覺得那麼可怕，那對於承受的他來說，是多麼令他恐懼的經驗？

但是，父母並不清楚這個過程。當他的父母來接他時，總是謝謝老師認真的教導；希望老師可以對他再嚴格一點，因為父母希望他未來可以出國學音樂。

某次，在他答錯問題，老師辱罵著他：「你是豬啊！」「你怎麼那麼笨，這麼簡單的東西都不會。我教狗，狗都會了！」「彈琴好有什麼用，耳朵根本是廢物！」一邊說著，又一邊推了他，「砰！」地一聲，他摔到地上，就在我的面前。

我正要去扶他，他自己站了起來，一滴淚也沒掉。

我看著他的臉，那是沒有靈魂的表情。

現在想起，或許那就是在巨大的羞辱創傷之下，他關掉自己的情緒，讓自己沒有感受、像傀儡一般，讓自己忍過這段時間；努力生存下來。

讀到這裡，可能很多人會說：「這老師根本不適任、他有問題，應該要換掉他才對！」又或者會好奇，為什麼這老師的學生，包含被傷害的他、與我，我們都沒有跟父母說過這個老師教學的情況？

我猜，對他與對我來說，我們都以為：做錯事被傷害、被羞辱，是一件很正常的事，那是老師在花力氣「教我們」。如果跟父母說，父母可能不會站在我們這一邊，還會責怪是我們沒做好、而且「不懂得老師的用心」。

於是，我們都閉嘴不說，以免再遭受一次不被理解、被指責是「你的錯」的羞辱創傷。

這其實就是世代累積的羞辱創傷所造成的「約定俗成」——社會共同忽略他人的感受，「感受」僅為上位者、有權力者服務。而在這個創傷經驗中遭遇過的傷痕與羞恥，就這樣埋藏在我們心中，成為啃噬我們自我、懷疑自我能力與價值的養分。

現在的我，看著這個老師，或許他也是羞辱創傷的受害者，或許他以前學鋼琴時，也是被這樣對待，所以他認為這麼做是為我們好、是正確的。

也許他有他的理由；也或許，這的確是文化造成的，是一個共犯結構。

但此時，我只想對著那個曾被傷害過的孩子說：

那真的不是你的錯，你沒有做錯任何事，值得被這樣對待。

當你翻開這本書，或許你也有類似的經驗，對象可能是父母、老師、同學、上司……

在這過程中，我想邀請你，在當時，你或許沒有機會照顧自己、站在自己這一邊，但當你現在重新經驗，甚至重新感受過往的回憶湧起、情緒升起的時候——

請你試著站在自己這一邊，對自己說：

「**是很糟糕的事情發生在我身上，而不是我很糟糕。**」

這句話，我們都要記得。

我也期待這本書，有機會能讓大家留意到「羞辱創傷」對孩子、對人的長期人格與心理、生理傷害。一旦我們有機會去看見、理解，才有機會調整與改變。而社會，就有機會變得不一樣。

走上這條療癒之路並不容易，希望我的書，能夠陪你一程。

註1：提醒大家，書籍只是輔助，當你讀了這本書，發現使用裡面的方法時，仍然難以跳脫被拉回過往羞辱創傷的情緒重現經驗時，建議你尋求專業的心理協助，對你的幫助會更大。

註2：本書所有案例皆大量改編，並經過本人同意。如有雷同，純屬巧合。

目錄

壹 傷與痛，是最難忘記的

貳 羞辱創傷的樣貌

「羞辱創傷」引發的症狀

參 羞辱創傷的形式

肆 羞辱創傷的影響

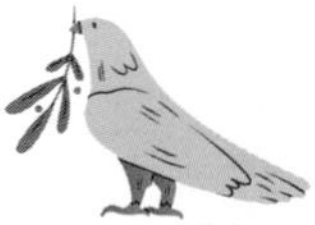

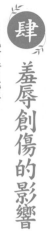

伍 我不喜歡我自己：從羞辱創傷到自我厭惡，怎麼發生？

——關係中羞辱創傷的影響

階段五：與唱衰魔人對話

階段六：與人互動

壹

傷與痛，是最難忘記的

帶著這些自我懷疑、自我厭惡的「羞辱創傷」，
我們離真實的自己愈來愈遠，
只望著那些傷害我們的人，期盼著他們的愛；
或者是，只期盼離他們遠遠地，不被傷害。

他永遠沒辦法忘記那一天。

年假時節，父母帶著他去「走春」。當時的他忘了被什麼吸引住，停留在原地不肯走。父母急著去下一個地方，用力拉著他走，他也拚命拉著欄杆不想離開，只想再待久一點。面對不順從的他，爸爸一個巴掌過來：「你走不走！」

打得他暈頭轉向，眼冒金星。小小的他，想著：「我不要輸給你們，我才不哭！」硬被抓上車的他，咬著唇、握著拳，就這樣，在整個路程中，他一句話都不說。

回到家，父母叫他、罵他，他都沒說話。媽媽生氣地看著他，受不了他的倔強，忍不住說：

「養你真辛苦，養條狗都比你好。」

聽到媽媽的話，他沒有掉一滴淚。但他知道，有些東西碎裂了，在他的心裡。

於是，他做了一個決定：「我要讓自己沒有感覺，這樣我才不會受傷，才不會痛。」

那年，他才七歲。

◇◇◇◇

在她兩歲時，爸爸過世了，她的媽媽嫁給了另一個男人。沒有多久，生了個弟弟。

她的姊姊大她幾歲，長得很可愛，媽媽再嫁時，安排讓姊姊被親戚領養走，但當時長得瘦小、不起眼的她沒有被相中，媽媽只得帶著她再嫁。

從小，媽媽就讓她知道，她是個拖油瓶，能賞她一口飯吃，已經是繼父寬宏大量；媽媽還告訴她，她長得不可愛，不像姊姊可以被領養。如果她不乖，不會有人要她，她只能去孤兒院。因此當別的小孩玩著玩具時，小小的她，就懂得打掃家裡、照顧弟弟，拚命表現出自己的用處。

「如果我這麼有用，你們就不會拋棄我了吧？」

雖然看著弟弟被爸爸媽媽寵愛著，非常羨慕，但她想著：

「只要我很努力，讓大家都可以過得開心，照顧好每個人，我就可以被重視、被愛了吧？」

於是，她努力讓自己不添麻煩，甚至努力去解決別人的麻煩，她犧牲自己、沒有需求，用她的好照顧著每個人。

當有人稱讚她時，她覺得自己就多了份安心，她就離「被拋棄」的可能性，再遠一點。拿自己討好每個人，讓每個人開心，自己則沒有情緒、沒有需求，就是她讓自己不被拋棄的方式。

學會這個方法的那年，她才五歲。

每一次聽到車子的引擎聲離家愈來愈近時，他就覺得害怕。

那代表，爸爸要到家了。

「不知道今天的爸爸，心情是好還是不好？」聽到很大力的關門聲，他知道今天的爸爸情緒一定不好。他瑟瑟發抖，想著是不是應該離開家裡，去找朋友玩。

正想著，爸爸就無預警地衝進房間：「你為什麼玩具都不收？滿地的玩具，害我踩到，你是故意的，對不對？」

都還搞不清楚狀況的他，突然被沒頭沒腦地打了一頓，爸爸隨手拿起褲頭剛解下的皮帶，劈頭就是一陣毒打。

他哭喊著：「我不是故意的，我不敢了，爸爸不要再打了！」

這時候，外面都沒有聲響，媽媽跟弟弟應該都躲著沒有出聲吧？

打完他，發洩完在外的挫折與不滿情緒的爸爸，終於離開他房間去浴室洗澡。哭完的他，躺到床上沉沉睡去。睡著之前，模糊地想著，班上有一個同學，每次絆倒他，他都會亂叫，還會跑去跟老師打小報告。看起來又弱又討厭，而且又愛叫，明天一定要去弄他。

想到明天可以跟朋友一起玩，一起捉弄那個很弱的同學，他的心中就升起一種莫名的快感，那種殘忍讓他忍不住嘴角上揚，因此即使知道欺負同學是不行的，他還是想做。

他沒有發現，這時的他，已經知道「拳頭大的人是大爺」；他不曉得，被爸爸這樣對待的過程中，讓他認為：「因為我弱，所以爸爸打我，我沒辦法反抗，也不會有人來救我。」

於是，他的心默默幫他決定，只有把自己變得更強、更有力量，讓自己可以去欺負弱小的人，這樣他才不會覺得現在對爸爸的暴力對待毫無招架之力的自己，是那麼地無助、可憐、無力。

「誰叫他那麼弱，活該！」他邊想著，邊進入夢鄉。

這時的他，只有十歲。

是什麼，讓我們失去愛自己的能力？

這幾年，「愛自己」、「心理」、「自我照顧」這些主題，愈來愈被大家重視。許多人開始知道，「照顧自己」、「了解自己的情緒」、「接納自己」是很重要的事情，但也有一些人發現：要執行時，卻是如此的困難。

什麼是「愛自己」？

買好東西、吃好餐廳犒賞自己，是嗎？

願意花錢在自己身上，是嗎？

我們苦於摸索著「愛自己」的方式，卻在這過程中，發現原來自己如此陌生，難以靠近。

我們可能不知道，不知道該怎麼照顧自己。怎樣才叫做「自我照顧」而非「自我沉溺」；什麼叫做「自我肯定」而非「過度自戀」；什麼叫做「願意提出需求」而不會變得「自私」或「巨嬰」。

明明身體已經長大成人，但我們的心，卻還像孩子般，摸索著自己應該長成的樣子，還有與世界、他人該如何相處。

即使頭腦上知道「應該要探索自己的感受」、「要尊重自己」、「學會尊重自己與他人的界限」……卻發現，這些道理，似乎知易行難。

難的是：

「如果我從來沒有被好好對待過，我要怎麼學會好好對待自己，而不會太過或太少？」

「如果我的心，從來沒有放在自己身上過，我要怎麼可以開始『愛自己』，而不會覺得有罪惡感？」

「如果我一直討厭原本的自己，要怎樣才能喜歡上他／她？怎樣才能善待他／她？」

這些困難，在許多人的心中，不停低迴著。

我們愛著那些會傷害自己的人

有些悲傷的事實是，當我們從小沒有被好好對待過、愛過，我們真的會不知道怎麼愛自己。

有許多人，就跟我前面舉的例子一樣，在童年出現太多的創傷；那些傷痛刻在心中，一筆一劃，成為我們心中的痛，卻也讓小孩的我們，內心深處無意識地懷疑著：

「難道是因為我不夠好、是我的錯？所以你們才會這樣對待我？」

帶著這些自我懷疑、自我厭惡的「羞辱創傷」，**我們離真實的自己愈來愈遠，只望著那些傷害我們的人，期盼著他們的愛；或者是，只期盼離他們遠遠地，不被傷害。**

創造一個「虛假的自己」

有些人，為著那些傷害過自己的人，盡其所能地努力著，只想要得到他們的肯定和愛，卻沒發現，當我們的眼光都在他人身上、自己的力量都用在別人身上時，自我終將愈來愈小，以至消失無蹤。

有些人，則是害怕、甚至恨著那些傷害過自己的人，只想盡其所能地離他們遠遠地，但內心深處，卻也默默相信著：「只要與人親近、讓自己有感覺，就會受傷；而且，這樣的我，是不可能得到愛的。」

特別是，若傷害我們的是父母，我們更難消化、更難相信自己值得被愛。因為，如果連我們的父母都不愛我們、會傷害我們，還有誰會愛我？不會傷害我？

為了不再遭受這樣的痛楚，我們找到屬於自己的生存策略，不論是討好、攻擊、沒有感覺的疏離……我們用這些方法，創造出一個「虛假的自己」，讓自己戴著這個面具，可以**離真實的自己遠一些，也可以離自己的感覺遠一點。**

我看到許多人，就困在這些過往的「羞辱創傷」中，失去感覺，也失去愛人與愛自己的能力，當然沒辦法和他人、和自己，建立健康的關係。

要不，就是心中全部都只有他人；要不，就是只有自己。
在焦慮與害怕中，我們不知道如何安放自己；有時候，也失去了生活的意義。
童年經歷的「羞辱創傷」，對我們的影響就是如此巨大。
當我們為了贏得那些羞辱我們的人的認同，想大聲對他們吼出「我才沒有不好」而過度努力，以及拚命想把自己變得完美時，我們付出了怎樣的代價？

羞辱創傷的傷害

不知道你是否有這樣的經驗？

在日常生活中，可能是與伴侶、家人，甚至職場或人際的互動時，發現因為對方的一句話，或是一個互動的場景，突然就引發你的焦慮、憤怒挫折、或是憂鬱自責等相關的負面情緒。

在情緒的當下，你感覺非常差，好像「天地化為零」，只剩下你和這個感覺共處；而你對自己的感受、對世界的安全感，變得非常糟糕，就像困在一個黑暗的洞裡，你不知道該怎麼逃出去。

有時，帶著這個感受，你可能會去攻擊讓你產生這個感受的人，甚或帶回家傷害親近的人；也有可能，你誰都沒有攻擊，只攻擊產生這樣感受的你自己。你充滿自我懷疑與厭惡，討厭著有這樣情緒感受的自己，也害怕別人討厭這樣的你。

或許，你因而逃避這樣的感受，逃到社群軟體、手機遊戲，甚至是食物、酒、性、藥、購物……當中。

如果你發現你有這樣的狀況，很有可能，你正是遭遇過「羞辱創傷」的倖存者之一。

什麼是羞辱創傷？

「羞辱創傷」是我觀察到台灣與華人社會的一種常見現象，存在於文化當中，影響我們極為深遠。而本書所定義的「羞辱創傷」，基本來說就是「複雜性創傷後壓力症候群」（CPTSD）的其中一種樣貌。

所謂的「複雜性創傷後壓力症候群」（CPTSD）與常聽到的「創傷後壓力症候群」（PTSD）有其類似與不同之處。最大的不同為，造成PTSD的創傷多半較為單一，例如巨大災難或意外，為單一次的創傷事件；而CPTSD為一連串的創傷事件所造成，時間更為長期、具有持續性。

本書所指的**「羞辱」，是使用一些手段，貶低、壓抑一個人的人格特質或自我價值，乃至影響到對方的自尊、對自我的看法，因而使對方感受到羞恥，覺得自己很糟糕。**

而**「羞辱創傷」，就是在這些羞辱中被傷害、所累積的創傷經驗。**羞辱創傷者都有多次被羞辱的經驗，因而造成我們心理、生理的影響，甚至引發身心症、各種生活適應不良或僵化的防衛機轉與生存策略，影響我們與他人的關係。

也就是說，「羞辱創傷」這類的羞辱，多半具有連續性，可能有一次讓我們印象很深刻的經驗，但在生活的其他時間裡，這些「羞辱」，隱微或直接地出現在生活中、在互動的經驗裡。

「羞辱」大多「有目的性」

另方面，在我的實務經驗中發現，這類「羞辱」大多是「有目的性」的。也就是說，施行「羞辱」，可以讓施行者達到某些目的。因此，常看到權力位階高的人用在權力位階低的人，或是在人際關係中，以貶低、壓抑對方的方式勾起對方的「自我感覺不良」的羞愧感，藉此達到自己的目的，讓對方可以按照自己的方式做，從而控制對方、讓施行者獲得控制感。

也就是說，「羞辱」的確是一種「攻擊」，時常用在「展現權力」、「控制他人」，甚至是讓施行者「自我感覺良好」，可以藉由羞辱他人，感受到自己是有力量、可控制他人，甚至可以擺脫自己的羞愧感與得到成就感。

可以讓施行者覺得：「我是比你好的，你是差的」。

那種施行的快感與殘忍，是存在於施行者心裡的。這個快感，卻也是用以撫平施行者內心突然升起的「羞愧感」或「自我感覺不良」的心情。

這正是「羞辱創傷」受害者的常見情緒——他們有著複雜性創傷後壓力症候群者的特徵。

也就是說，**對他人施行長期羞辱、想藉此控制他人的「施行者」，很多時候，很有可能也是困於羞辱創傷的受害者**。

因此，「羞辱創傷」可說是所謂的「複雜性創傷後壓力症候群」（CPTSD）中十分常見的一種形式，從童年開始，造成我們難以修復的身心傷害。

為什麼要談「羞辱創傷」？

是否要用「羞辱創傷」這麼沉重的詞，我其實猶豫很久。

特別是談到羞辱創傷，很難不談到童年、談到主要照顧者與權威，特別是父母與學校老師互動經驗，對我們造成的影響。

身為一個助人工作者，寫書最終的目的，還是希望能夠幫助大家療癒自我與修復關係，那麼當談到「羞辱創傷」，用這麼重的詞定義我們過往的創傷經驗，而這個創傷經驗在我們的文化由來已久，是否會與「情緒勒索」一樣，被誤會我又要鼓吹大家討厭父母、製造對立？

我認為，不論是「羞辱創傷」或是「情緒勒索」，其實都是「關係創傷」的一種。但「關係創傷」這件事，之所以難以修復，是因為在社會中，我們很難沒有壓力地談。你會發現，如果你嘗試地在社群網站上，分享你以前有關「關係創傷」的經驗，例如被羞辱、被情緒勒索、被控制，而羞辱你、控制你的對象是你的父母、老師、與你不同性別的伴侶……之類，當你分享出來，必然會有在這個位置上的人，跳出來責罵你。

讀到這裡，你有沒有發現一個盲點，那就是：「可是我分享的是我的經驗，你不是我的父母，也不是我的老師，或是我的伴侶，為什麼你需要批評我、羞辱我，來否定我的經驗？」

因為，**當我們帶著羞辱創傷，對於被批評、自己做得不夠好的線索，會相當地敏感，與人**

的界限也會不清；在聽到這樣的經驗，而我們沒有清楚的界限時，就會**很容易對號入座**，感覺被責備的羞恥感上升。**具有權力位階較高的人，會使用他們平常最常用來控制他人、孩子的方法：那就是羞辱、攻擊對方**。最常見的，就是不願理解對方、無同理心的批評與責備。

因為他們對羞恥感的恐懼，讓他們必須用這麼大的力量去「消滅」說出創傷的這些人，藉此維持自我感覺良好。

而這些人，一定也曾是「羞辱創傷」的倖存者，因此他們才會知道：原來這樣做，是可以傷害與控制別人的、是可以讓自己有力量的。

然後他們學了起來，用來保護自己。

◇◇◇◇

進行心理實務工作時，我發現有許多人，雖然看似生活適應良好，童年也似乎沒有遭遇過巨大創傷，但具有CPTSD症狀的人們卻是如此之多，讓我不得不注意到這件事，開始發現「羞辱創傷」的存在。因此，我認為仍必須將這件事、這類**因文化與習慣而存在的創傷**指出，雖其由來已久，但希望我們能夠因而發現、覺察，停止複製，並從中開始改變。

羞辱創傷隱身在我們的文化習慣中，雖是隱性，卻是幾乎每個人都有遭遇過的創傷，因此不容易覺察到，也容易因為約定俗成而持續。但若開始有一個人開始覺察與改變，就會影響周圍的人，慢慢地，「羞辱創傷」就有機會從我們的文化中消失，走出我們、還有孩子們的生活。

這是我最期盼的。

「羞辱」比你、我想像的還常見

可能有些人會想：「還好吧？一般人會隨便去羞辱別人嗎？那是有問題的人才會做的事吧！」

但事實上，「羞辱」常見於我們的生活中，而且我們時常沒有意識到。**常見的一種樣貌，就是「輕蔑式的批評或責備」**。

韓劇《來自星星的你》一開始有一個情節：

女主角千頌伊因為在社群網站上分享一張自己喝摩卡的照片，並且寫下一段文字，大意是：「感謝帶摩卡種子回韓國的文益漸老師。」

她的這句話引爆了社群網站，因為文益漸帶回來的不是摩卡種子，是棉花種子。社群網站上的留言有許多罵她蠢、嘲笑她的無知，各種「有創意」的罵法，成為大家參與這個活動與流行，甚至是**展現自我優越感**的方法。

這種「輕蔑式的批評」，在別人犯錯時批評對方，甚至輕蔑、做出人身攻擊等等，不僅是傷害對方、毫無同理心的展現，更明顯的是，做出這件事，其實是可以感受到自我的優越感，那就是「我批評你、羞辱你，因為我比你好」。這種批評與輕蔑，不會只停於「該事件本身」的評論，而是**很容易淪為對一個人整體人格特質的否定**。

因此這類的批評，有時會相當殘忍而毫無同理心。但是當事者不會有這麼深的感覺，反而會覺得「這是對方應得的」或是「講這些話代表我妙語如珠」。

為什麼會這樣？這代表這些人都是沒有同理心、很殘忍的人嗎？

當羞辱像「抓交替」般……

事實上，大多會發生這樣情況的人，日常生活中可能也是個溫暖、會安慰別人的人。會有這樣的反應，除了因為群眾效應，「大家一起做比較不會有罪惡感」；還有對名人的投射：「你這麼笨，居然還可以當名人」。這種**對於「錯誤」的難以饒恕與潔癖，其實常**

常是遭受過羞辱創傷的人對待自己與他人的方式。

因為，在我們的文化脈絡，以及對於遭受過羞辱創傷的人來說，**「錯誤」是需要懲罰的**，而該被懲罰的人，如果又處在脆弱的位置：例如社群網站上。當我知道那些名人「他是誰」，而他卻「不知道我是誰」，因此我就可以處在較為有力量的高處；若我所做的行為不會被暴露、不會有什麼後果時，隱藏在我心中、那個曾被羞辱的傷口，就會像「抓交替」一樣，找到下一個可以被我羞辱、控制的人，然後我會無同理心地傷害他。就像我以前被傷害一樣。

而我也能從這樣的過程中，感受到自我的力量與自我感覺良好，還可以與這些罵在一起的人，形成一種有歸屬感的團體。

這是比要花時間經營關係、努力找到自己能做的事情而成就自己，來得簡單多的事。

所以，羞辱是一種懲罰?!

特別在台灣，甚至亞洲多地的文化，講究孝道、權威、階級，且還在習慣「人人平等」觀念的社會中，「羞辱」是一種十分常見、關係中擁有較高權力的人對於另一方的控制方式。特別是，關係中權力位置較高者，通常擁有**定義**對方的權力，而「**犯錯潔癖**」更是我們文化中常見的窠臼。

因此，當權力位階者低的人犯錯時，為了要讓對方「不再犯錯」，不再造成權力位階高者的困擾與不方便，「羞辱」就成為一種最常被使用的工具，用以懲罰那些不夠「體恤上位者」的人的手段。

因此，「**當你做錯事時，我需要處罰你。唯有羞辱你，才能讓你記得**」，這個法則，就成為我們文化中習以為常，且理所當然行之的「懲罰錯誤」的手段。

而如前文所提，「羞辱」是一種傷害人格自尊、自我價值與影響對他人及世界信任感的方式。被羞辱的人，很難忘得掉那種感覺，那是一種覺得「好糟糕、好丟臉、好想把自己藏起來」，混合恐懼、挫折、無力、羞愧與罪惡等複雜的情緒。

為了避免這樣的情緒重現，我們會盡可能地避開這樣的場景與可能性，因此，減少嘗試新事物或犯錯被懲罰的可能性，甚至在此情緒升起時，先去羞辱、懲罰他人，如此可以逃開「羞辱創傷」的「情緒重現」，就是我們時常會使用的方式。

而這也是「**羞辱創傷**」在許多文化中會一再重演的原因之一：**那些曾經遭遇過「羞辱創傷」的人，會學起來這種讓我們感覺到無力、挫折的方式，用以對付其他和自己一樣脆弱的**

人，藉此讓自己感覺到「我和以前不同了」、「我不是那麼脆弱的」、「所以我要懲罰那些和我以前一樣脆弱的人，這樣我就擺脫它了」。

我們批評著那些和我們不同的人

另外，我也很常看到一種情況：

一旦在社群網站上或日常生活中，當有人與自己意見相左、看法或做法不同時，有些人會因為覺得被冒犯而生氣，即使對方可能只是提出自己的看法，並沒有批評或貶低他人的意思。

若在社群網站上，可能就會出現筆戰；若在日常生活中，端看與意見不同者之間的權力位階關係。

如果一方是處在比較高的權力位階時，有些人可能就會羞辱對方的想法、做法或選擇。

例如：「你怎麼會喜歡這樣的東西？這很沒水準欸！」

「你們現在小孩就是都花時間看這些實境秀，才都會荒廢學業。」

「你怎麼會這樣處理事情？是白癡嗎？」

「會穿那些衣服的人真的很奇怪。社會風氣都被這些人敗壞了。」

甚至會嘗試「以偏概全」，藉由一點小跡象就直接否定對方的人格，這也是很常見的羞辱形式：

「像那種會讓小孩穿這麼少衣服出門的媽媽，一定都很不負責任。」

「生完小孩就馬上想去工作，根本就不顧家庭，不養就不要生啊！」

「那些沒結婚、沒生過小孩的，一定不懂經營婚姻、生兒育女的困難，只會講風涼話。」

也可能，當對方因挫折而低潮時，有些人會批評對方的感受，例如：

「連這點小事都那麼難過，抗壓性這麼低，以後該怎麼跟人競爭？」

「你就是這麼玻璃心，所以才會什麼事都那麼敏感。」

「你就是想太多了，要學會放下。」

於是，我們的一言一行都被人監視著、批評著，被羞辱的言語給捆綁著，讓我們愈來愈不敢展現自己，也愈來愈不敢相信自己的感覺。對於自己的人生，我們甚至只想詢問權威，得到一個正確答案。

而這些批評、羞辱別人的人們，還安慰著自己：「我這樣是為對方好，是撥亂反正，是具有正義感的展現。」

他們卻沒發現，自己在別人身上施加的這些，**暴力程度遠大於別人的心能承受的**，而且幾乎對於別人的人生選擇沒有多大幫助。

而這些暴力所帶來的痛苦，也是這些施加羞辱在別人身上的人，自己所不喜歡的。但或許對這些人來說，有時都很難承認，做這件事情，真的會讓我們感覺，自己是比較好、比較優越、比較強的。

而他們或許從來沒有發現，這個對人帶來痛苦的方式，卻是這些也曾經受傷的人，習慣用來對抗自己內心的不安、自卑，甚至羞恥與羞愧感的方法。

羞辱別人，不會讓我們變得更強

我曾經看過一支短片：

一個被長期家暴的小男孩，被帶到遊戲治療室裡。遊戲治療師想要理解孩子的狀態，也想和小男孩建立關係，於是他拿了一些玩偶給小男孩。小男孩拿起了其中一隻玩偶，對著它說：

「你壞壞！你壞壞！」然後把玩偶翻到背面，開始瘋狂打它的屁股。

那一幕，讓我極為震撼。

這個孩子，為了對抗自己因遭受家暴而感受到的羞恥、羞愧感，把「是我不好，所以我被家暴」的感覺投射到玩偶身上，將那些因為遭受「羞愧創傷」而覺得不好的部分，投射到玩偶上，並且對那個「壞孩子玩偶」，施加自己也曾遭受的暴力與羞辱行為，藉此來平穩內心升起的創傷感受。

也就是說，很多時候，我們批評著那些我們不喜歡的人，很有可能，是因為那也是我們所不喜歡自己的部分。

這就是為什麼，許多遭受羞辱創傷的人，也會去羞辱別人，羞辱那些跟內心的自己一樣脆弱無助的人。

社會充斥要我們合理化或忽略自己感受的「名言錦句」

而當對待我們的人，用「羞辱我們」來解決自己內心升起的負面情緒、傷口與脆弱的部分，藉由用羞辱控制、傷害我們，來暫時得到控制感、擺脫羞恥感，甚至以此得到力量與安全感時——

那是極為殘忍，也無同理心的，但卻也極為可悲。

因為他們沒有學會如何好好對待自己脆弱的部分，也沒有被好好愛過的經驗。

而承繼著這樣的傷口，這些傷快滿溢而出時，我們也不知道該怎麼說、能不能說，因為說出來，太脆弱、又太丟臉，好似會被這樣對待的我們，是有問題的。

而且，我們又不被允許說，尤其當社會沒有這樣的氛圍，當大家都告訴我們：

「你的感受不重要，這又沒什麼。」

「比你更慘的人還有很多，你還有棲身之所、有東西可以吃，應該要感謝了。」

「能有工作可以做，有很多人還沒有這個機會，你應該要心存感恩。」

一句又一句要我們淡化、合理化或忽略自己感受的「名言錦句」，存在於我們生活的每一個地方。只要有人說出負面情緒，就會有人來把這些常聽的話貼上來，讓我們覺得，有傷、有負面感受，是我們的錯。

◇◇◇◇

會這麼做，當然也跟「自己的情緒也是被這樣對待的」有關，也就是：有更之前的人，也是這樣告訴、對待我們。

於是，這種方便控制他人，卻造成傷口默默在暗處腐爛的話語，就這樣一代又一代的傳下去。

然後一代又一代的，認為羞辱他人是很正常的事。

可是，實際的情況是：

當我們羞辱別人時，雖然可能會讓自己擁有一些控制感，甚至會感覺「我是比較好的」；可是**這種「好」，是一種假象，並不真的對我們的人生、對自己有任何幫助**。

更甚者，這會讓我們總是焦慮於自己的「不夠好」，因為想像別人也會這樣批評、羞辱我們；於是我們過度努力地希望自己變得更好，然後羞辱那些沒有變得更好的人。

日復一日，即使我看起來似乎「變得優秀了」，我卻覺得空虛；相對地，用這樣的方法進步，幾乎是會造成關係中極大的傷害。

因為，不會有人想留在一個會羞辱別人的人身邊，包含你自己。

於是，你與自己、他人、世界，關係都會極為疏離。各種情緒困擾，也就因應而生。

讀到這裡，你可能也發現了：羞辱創傷之所以難以從文化中根絕，很大的原因，是因為

「羞辱」本身，就是我們用以面對、處理脆弱的方式。

當我們沒辦法接納如此脆弱的自己時，我們的文化會「懲罰」這樣不夠完美、會犯錯、有情緒而脆弱的人們。用的方式，就是「羞辱」。

而「羞辱創傷」，就在這種文化內建的「自厭懲罰」中，一直傳了下來。

屬於自己的咒語，需要自己才能解開

在這個世界上，每個人都有屬於自己的傷。

就跟當我們身體生病、受傷，需要先發現症狀一樣：這樣我們才會知道要去找醫生，病與傷口，才有機會慢慢好。

如果沒有發現病症或忽略傷口，拖延下去，常常會變得更嚴重。

所以，心裡的創傷也是一樣的。**療癒的第一步，就是看見，還有能被說出來。**

如果我們困於過去被對待的方式，認為自己只值得被這樣對待；那就像有人對我們下了咒，而我們也相信了，自己又對自己下了一樣的咒語，甚至更深、更難解。

我們需要了解這些創傷是怎麼形成，如此，我們才有機會可以預防與避免；我們需要看見這些創傷的樣貌，以及怎麼影響我們，這樣我們才知道，**這不是我們的錯**。

我們才終有機會擁抱自己的脆弱面、完整地認識自己，然後才有辦法「做自己」。如果我們連自己是什麼樣子、喜歡或想要什麼、標準是什麼，都不知道，要「做自己」，實在太困難；如果我們根本不敢看自己的脆弱與傷口，要「愛自己」，談何容易？

如果你發現，當別人談創傷時，你會忍不住想要壓抑他人說這些話；那麼，或許你也需要停下來想想：「是不是，我也都是這樣對自己說？」是不是我都跟自己說：不要想就好了，不要知道就好了。

或者是，只是覺得「都是別人的錯」。在責怪別人當中覺得極為憤怒與痛苦，卻無能為力；或是帶著這個憤怒，火花四射，傷害了現有的關係。

讀到這裡，如果你也發現了屬於自己的傷與咒語；誠懇邀請你，和我一起，踏上這個創傷的療癒之旅，找尋和內心的自我和解、傷口復原的解藥與解咒法。

而自己的咒語，唯有自己才能解開。

貳

羞辱創傷的樣貌

「比較」，很多時候，正是羞辱創傷的來源：

「你不比別人好，所以我羞辱你，希望你知道羞恥，才會努力進步。」

這種刻在我們骨血的文化習慣，是多麼地深刻又傷人啊！

在這裡，我想要用一個典型的家庭故事做例子，讓大家了解羞辱創傷是怎麼運作、影響我們的：

阿強小時候是被爸爸打大的。前面有兄姊、後面又有弟妹的阿強，因為課業表現不如哥哥姊姊，爸爸常羞辱他怎麼那麼笨，「連這個都不會，幹麼不去死一死」。因為大家都怕被爸爸打，所以哥哥姊姊也不敢替他講話。

被爸爸打完之後，媽媽會到房間來幫阿強擦藥，一邊安慰阿強：「爸爸也是愛你。他是愛之深，責之切。」

阿強的內心其實極為混亂。

他看到爸爸，就覺得好害怕，爸爸會因為他的害怕而更生氣，打得更凶；媽媽說，爸爸會這樣打他是為他好；可是爸爸也會打媽媽。一邊哭著的媽媽，一邊對他說著：「爸爸是愛你的。」

他看著媽媽的傷口和眼淚，覺得一切都很諷刺。

但他沒有再說什麼，因為某方面他知道，他說什麼也沒有用，不會改變這一切。要不他就是努力避開爸爸，或是像兄姊一樣做到爸爸的標準，讓自己不會被打、被羞辱；要不就是安慰自己：「爸爸也是為我好」，然後努力去爭取爸爸的愛。

但此時阿強感受到的是：「家裡是不安全的，父母是不可靠的，沒有人會理解我、保護我，可能還會傷害我。」

然後，阿強選擇忍耐，不說出自己的想法與感受，讓自己沒有感覺地面對父母的要求與傷害，盡可能讓自己有用、獨立、靠自己，也盡量不要讓他們注意到自己，這樣自己就安全了；不要太期待他們的溫情，否則只有失望而已。

對他而言，他只期待趕快長大，可以離開這個家，得到自由。

上大學後，他自己打工、賺錢，希望自己可以趕快獨立，不用依靠家裡。開始工作後，他遇到了一個女孩，溫順、好說話，他覺得對方是個適合結婚的對象，然後就結婚了。

結婚之後沒有多久，他們生了一個孩子。阿強很努力地賺錢，因為**他認為，表現出有用，應該是維繫關係最好的方式**。畢竟他從與父母的關係中學會，只要他把自己的事情做好，就不會有人來煩他、不會有人對他失望或覺得他不好。

這樣，**他就安全了**。

但久了之後，妻子對他的抱怨愈來愈深，阿強不知道該怎麼辦。

他只好更努力工作，讓自己回家的時間愈來愈晚。他覺得，只要自己做好自己該做的、減少出現在妻子面前的機會，對方就愈不會對我失望或抱怨。

只要讓自己**不被注意到**就好了。

當阿強因為爸爸羞辱他的聲音響起，讓他感覺自己什麼都做不好、做什麼都會失敗時，他就更投入工作，彷彿工作是他的一切。

後來，阿強的兒子漸漸長大。阿強曾隱約聽妻子說，兒子在小學就會打架、欺負同學，妻子不知道該怎麼辦。

阿強偶爾會想管教孩子，但很少跟兒子相處的他，不知道該說些什麼，只能說些大道理。

兒子沒說話，但一臉不耐煩。

阿強很不安，不知道該怎麼辦。

就這樣，到了國中，兒子和人打了群架，被學校勒令留校察看，請家長領回。

到了學校，老師對著阿強數落了他兒子一頓，且有意無意地暗示兒子會這樣，是因為家長教導不善。

那個當下，一種熟悉、非常難忍的負面感受升起。阿強氣急敗壞地把兒子帶回家，然後毒打了兒子一頓。

「我的臉都被你丟光了！」

然後，**打著兒子的阿強，突然發現，自己好像以前的爸爸**。

「我打你是為你好！」想說出這句話的阿強，看著兒子憤恨的眼神，發現自己什麼都說不出口。

◇◇◇◇

阿強的確是羞辱創傷的倖存者。而他內心升起的那些難忍的感受，還有時常表現出的情緒隔絕、退縮與麻木感，都是羞辱創傷的症狀之一。

而遭受羞辱創傷的人們，會出現怎樣的症狀？這些症狀又會怎麼影響我們呢？

「羞辱創傷」引發的症狀

創傷，會帶給我們很深的無力感，而這個無力感又會引發我們內心對於「無法保護自己」、「別人居然這樣對我」的挫折感與自我責怪，而更讓我們認為自己是不好的。

本書中所談的「羞辱創傷」，是CPTSD的一種，其帶給人最大的影響與痛苦，不僅是無力感，而且是深刻的羞恥與羞愧感，讓我們「覺得自己很糟糕」。

這種否定自己的感覺，日日夜夜侵蝕著我們的自我認同，也侵蝕著我們對他人的信任感與安全感。

而之所以會一直出現這種「自己很糟糕」、「否定自己」，與羞辱創傷會出現的幾種與CPTSD類似的常見症狀有關：包含情緒重現、過度警覺、退縮麻木[1]、慣性羞恥[2]、情緒調節困難、自厭懲罰等。以下，將一一說明之。

情緒重現

曾遭受羞辱創傷的人們最痛苦的狀態之一，就是面對突如其來的「情緒重現」。

如同前文例子所談的阿強，當他面對妻子的抱怨，或是學校老師對兒子的指責時，心中突然升起的那種混合羞恥、羞愧、罪惡、憤怒、不安、焦慮等複雜的負面感受。

也就是說，「情緒重現」的意思是：

因為過往的創傷，我們遭遇過那種傷口的痛，使得在日後的生活中，一旦遇到類似的情景，或是和重要他人互動受挫，會讓我們類似的創傷感受升起，引發我們一連串的情緒重現反應。

例如，在《華燈初上》一劇中，主角蘇慶儀因為過去遭受母親男友性侵，當時媽媽在家卻沒有伸出援手；後來被媽媽發現懷孕後，知道的媽媽不但沒有接納她，還趕她出門；對媽媽本還抱著一絲希望的她，在聽到媽媽的話後，她不只心碎，而是心死。

「你居然勾引我的男人！」

聽到這句話的蘇慶儀才知道：「原來，媽媽你什麼都知道，只是不想救我。」內心原本就已經破敗不堪、搖搖欲墜的信任城堡，啪一下地，完全崩潰。已經髒掉的自己、連媽媽都不愛的自己……這麼不堪的自己，還有誰會愛？誰會接受？被所愛的人否定、拒絕、不接納，甚至被羞辱、被說「勾引」……帶著這樣的傷，在日常生活中，蘇慶儀雖然努力做到最好，但她仍然是那個帶著傷的女孩。**那些好，都是用來掩飾不夠好的自己**。

而直到那一刻，在她所愛的江瀚與她分手，分手之後，那種「覺得自己不好、被拒絕而且被否定」的羞辱感又重現了，而這個情緒，讓她忍不住攻擊自己，想讓自己消失。後來，在許多曲折之後，她決定要開始攻擊別人。

◆攻擊自己或他人，是常見「情緒重現」的自我安撫方式

事實上，不論是「攻擊自己」或是「攻擊別人」，其實都是我們面對「情緒重現」時的一個「自我安撫」的方式。

怎麼說呢？

當我們面對創傷的「情緒重現」時，我們會很想要逃開或是跳出這樣的情緒反芻。有些

人會因而逃到其他的事物當中，例如工作、物質或網路依賴等，也有些人會想要找到一個理由，用以消化這個突然出現的情緒。

如果我們把理由歸咎為自己，就會出現攻擊自己的行為。「自我批評」與「憂鬱」，就是一種自我攻擊行為的展現；而如果自我已經無法消化這樣的攻擊，開始覺得這個世界對我不公平，我們也會對外找這個「情緒重現」會出現的理由，那麼「攻擊別人」也會變成一種常見的自我安撫行為。

「要不是你，我不會這樣」、「都是你們的錯」……當我們歸責成都是別人的錯時，我們也為這個「情緒重現」找到理由；而「攻擊別人」的「憤怒」情緒，會讓我們擺脫「情緒重現」的無力與恐懼等痛苦，因為「憤怒」會讓我們有力量，讓我們覺得能做些什麼。

能夠擺脫無力感與恐懼，「憤怒」其實是很容易被依賴的情緒。

只不過，不管是在「攻擊自己」或「攻擊別人」的行為中，內心那個受到羞辱創傷、真正受傷的自己，從來沒有真的被安撫過；只是被打了暫時的麻醉劑，讓他可以暫時停下來——

直到下一次他的受傷再被喚起、再出現。

而我們的心，就一直上上下下、處在焦慮而不平靜的過程中。

情緒調節困難

當羞辱我們的人，即是我們希望得到愛與安全感的人，會使我們對於「安全感」的來源出現混亂；換言之，當我們想要從他身上獲得愛與安全感的人，卻是造成我們創傷、焦慮與恐懼的人時，我們可能會時常感受到「不安全」，而焦慮與恐懼，會一直籠罩我們的心。

當我們處在羞辱創傷中，「情緒重現」使我們被恐懼與焦慮、罪惡感與羞愧感等情緒給攫住，但當我們成長的環境、與父母或主要照顧者的關係，又是造成我們創傷的來源——原本我們應該可以從父母的鏡映中，學習各種情緒的知識、理解自己與他人的情緒，並且學會如何調節自我的情緒、與他人建立關係；但當因為要避免羞辱再發生，使得我們的注意力都在應付、猜測與避免自己再度遭受創傷時，我們將應該學會調節自我情緒的能力，都用以安撫對方；而我們也在缺乏「自我安撫的學習對象」中，失去了自我安撫、調節情緒的能力。

失去了安全堡壘、自我安撫與調節情緒的能力時，我們對於「危險」的感知很可能因而過於敏感，而且停不下來。

即使長大之後，在不需要如此擔心危險的環境時，我們仍然可能會因為別人的一個表情，或是人際互動的一件小事，甚至某天起床的一個感覺，就會引發我們內在「過度警覺」系統的全面啟動。

過度警覺

由於「羞辱創傷」帶來的「情緒重現」太讓人難以忍受，當我們不想要再經驗到那極為痛苦的感覺，會開始做一件事情：

努力留意、警覺周圍會出現「危險」的信號與線索。

原本能夠「警覺」，是我們大腦的一個重要功能：當遇到危險來臨前能夠「示警」，我們才可以採取有效的策略，快速因應可能面臨的危險。

但是，帶著「羞辱創傷」的人們，由於受創於過去的創傷經驗，極為害怕創傷重現，就像是「一朝被蛇咬，十年怕草繩」一般，因此當有一點風吹草動，就有可能會「過度警覺」，使得自己一直處在隨時都可能「被激發」的狀態，情緒反應也因而相當劇烈，因此引發一連串的防衛機轉。

在這樣的過度警覺中，我們會一直處在焦慮與恐懼當中，為了逃離這樣的情緒，我們會使用習慣的防衛機轉來保護或安慰自己。

只是若當我們的警報器不停響起，我們的神經系統也會疲於奔命，於是自動化地使用防衛機轉。這些僵化的防衛機轉，可能就成為傷害我們，甚至傷害關係的原因之一。

◆因過度警覺引發的防衛策略：戰——指責、攻擊

舉一個例子來說明這個狀況：

每一次男友沒接電話時，小晴都會覺得非常焦慮。因此，如果她傳訊息或撥電話，而男友沒回時，不管此時是不是上班時間、自己或男友是否在忙或在休息，她總是要奪命連環扣。不找到人，誓不罷休。

就算男友接了，小晴也會充滿憤怒與懷疑，指責男友為什麼不接電話，或是懷疑男友做什麼去了。即使男友沒接電話的時間，可能只有短短的十分鐘。

經過諮商與自我探索，小晴發現，原來自小被父母言語羞辱，讓她覺得自己是不好的、不值得被愛的。使得她無意識地檢視著她與男友之間的各種線索，生怕有一天，男友真的後悔、想要丟下她。因此為了維持這段關係，她認為自己必須非常努力地警覺著，以免有一天，她真的被丟下。

而當她一警覺到有一點點被忽略、被丟下的可能性時，就會啟動她的防衛機轉，也就是因應此種「過度警覺」的生存策略——指責。

指責對方做得不夠，或是不夠重視自己。

但**最矛盾的是，小晴與男友的關係，卻在這樣的指責中愈來愈糟**。

也就是說，受過羞辱創傷的孩子，長大之後，測知危險的警報器時常過於敏感，就跟路邊過度靈敏的汽車警報器一般，一點風吹草動就放聲大叫，讓自己的身心時常處於不安，在這些情緒中疲於奔命。

諷刺的是，這些努力原本都是**為了獲得內心的安全感與平靜**，但過於警覺危險的發生，卻讓自己一直處在「完蛋了」、「該怎麼辦」的焦慮與恐懼情緒當中。

退縮麻木

在許多談到「情緒」、「創傷」的書籍與論文中都有提到，「戰、逃或僵住」是我們遇到危險時，最直接的自我保護反應之一。

實際上，「過度警覺」或者可說是「戰」的基本反應。因為出現「過度警覺」時，我們會產生焦慮，而「焦慮」會促使我們去做一些事情，包含攻擊、指責等，如此我們就不會陷在創傷的羞愧感與無力感當中。

而另外也有一種常見的情形：「退縮麻木」。有時「退縮麻木」會以偏向「逃或僵住」處理危險的「防衛機轉」出現，也就是「用以適應、安撫創傷與保護自己」的機制。

受到「羞辱創傷」的孩子，可能因為性格，也可能因為發現表現憤怒等作為，不見得可以幫助自己處理這樣的狀況，因此會使用「退縮麻木」的方式，來面對、處理羞辱創傷。

也就是說，「讓自己不要有感覺、不要懷抱期待」，那樣就好了。

◆逃到工作、遊戲、購物或物質依賴裡

實際上，使用「退縮麻木」處理情緒重現與因創傷後的「自我感覺不良」的人，並非不會「過度警覺」，而是當他們一感覺到有危險時，就會立刻「關掉感覺」，或是立刻逃到他們覺得安全的地方。

例如工作、遊戲、購物、物質依賴等。

不過，在此之前，遭遇創傷經驗後出現的「退縮麻木」，有時候可能是更加快速的一種

症狀，例如會突然感受到失去現實感、解離，或是腦中一片空白。

那是當「情緒重現」的情緒海嘯襲來，自己像是突然籠罩在一個真空保護膜裡，自己出不去，別人也進不來，所有的一切像是都消失了，但那「情緒重現」所引發的複雜創傷情緒，就隱隱地在這個真空保護膜裡，爬行著、蔓延著。

當出現這個症狀時，我們與世界、與他人、與自我的連結全部都斷了，失去了現實感與自我感。那種狀況，或許跟遭遇到極度恐懼與恐慌的人，當時所感受到的情緒、所表現出來的反應是類似的。

最辛苦的部分是，遭遇嚴重受虐或羞辱創傷的孩子們，可能會一次又一次地遭遇「情緒重現」與「退縮麻木」等症狀。若此時「羞辱創傷」仍是現在進行式——還處在隨時可能被羞辱、被傷害的情況下，孩子的心就像洗三溫暖一樣，上上下下被情緒給煎熬著，自我認同也必然不穩定。為了適應這樣的環境，孩子就會出現更加顯著的防衛機轉，用來保護自己。

當孩子做的許多行為，並非出自於他的本意，而是因為恐懼、為了生存、為了適應生活，而這些安全感、保護與情緒照顧，原本是大人應該為孩子做的，這是何等令人傷心的事。

慣性羞恥

在談到複雜性創傷後壓力症候群的書中，幾乎都會談到創傷會造成「巨大的羞恥感」、「毒性羞恥」[3]，以及這個羞恥感對我們的影響。

不過，為什麼遭受羞辱創傷時，會引發羞恥感呢？

實際上，當我們被羞辱、虐待、遭受創傷時，都會經歷到一種非常無助、失去自主權與控制感的感覺，而這種「因為害怕，所以我『不得不』」的心情，這種我們不能按照自己的意願去做事的心情，就會讓我們升起羞恥感，因為這樣的行為「不符合我們對自我的期待」；再加上當我們受到羞辱創傷時，對方會把做出這樣行為的理由歸責在我們身上，讓我們覺得「是因為我，對方才會這麼做」，於是，更容易引發「是我不好」的羞恥感。

只是，什麼是羞恥感？羞恥感與羞愧感、罪惡感有什麼差別？而「慣性羞恥」又是什麼？

◆羞恥感、羞愧感與罪惡感

羞恥感是一種「想把自己隱藏起來」的情緒，在華人文化中，「恥」這個字，以「耳」字與「心」字構成，它包含著「我『聽到』自己沒做到別人的標準、不符合別人的評價」，然後「在我『內心』形成一種『我無價值』的感受」，於是，我會覺得「羞」：覺得丟臉、被暴露。

所以，「羞恥」必然是「與他人有關的情緒」。當這個情緒升起時，時常帶有「我沒做到別人的標準、不符合期待，而這樣的我沒價值」的心情，且這樣的心情是無法隱藏，而可能會「被暴露」的，因為會被發現，所以才會覺得「羞」（丟臉）；如此，想盡辦法**隱藏**這樣的自己與情緒，就變成有這樣感受的人，時常會做的決定。

◎ 羞恥感與羞愧感

「羞恥感」與「羞愧感」這兩種情緒，因為翻譯的關係，在我們一般心理學相關書籍中可能是指稱一樣的意思。

不過，如果就中文的字面上解釋，「羞恥感」是帶有更深的害怕被暴露與「覺得自己無價值」的感受，且這個感受會形成，是因為別人的看法與評價；「羞愧感」本身也帶有這個意思，但多了「愧疚感」。

這個愧疚感，使當事人不僅僅是躲起來覺得羞恥，而是包含著更積極的意象：會覺得愧疚、對不起別人，因而會更有機會去做一些迎合別人的改變。

◎罪惡感

罪惡感，是一種「不是我不好，只是我做不好」的心情，當然也帶著愧疚，因此會努力做一些為了別人的調整與改變，而這部分與羞愧感提到的「愧疚」有類似的部分。因此在本書中，會以「羞恥感」與「罪惡感」來分別指稱「我不好，所以我想把自己藏起來」和「我覺得我沒有做好、對不起別人，所以我嘗試再多做一點」的這兩種心情，方便大家理解。

回過頭來談，既然「羞恥」是關於「別人評價與看法怎麼影響我對自我看法」的情緒，那麼適當的羞恥感，的確有機會能讓我們調整自己的行為，來符合社會規範。但是在這裡，我們要談的，是「慣性羞恥」，也就是對我們人格本身有傷害性的「羞恥感」，那就是：**當我們將羞恥感內化成自己的一部分**。

◆羞恥感的內化：慣性羞恥

當羞恥感不僅是在我們做出某些行為後出現，並且根本上被認為是我們人格的一部分時，羞恥感很可能會被內化成我們的人格特質。

特別是遭受羞辱創傷的孩子，許多時候是必須面對父母或其他權威，因為自己做的一點錯事（甚至可能什麼都沒做），就被羞辱、被認為有問題。

而當孩子的自己，是用他人的評價來建立對自我的看法時，這些父母或具有權威性，或是在我們關係中當時重要的他人，對我們的評價所引發的羞恥感，就會被我們一一收納起來，成為我們定義自己、看待自己的一部分。

也就是說，我們內化了那些別人責罵我們、羞辱我們的話所引發的羞恥感，把它變成我們對自己的看法：**我們認為真實的自己就值得羞恥**。帶著這種羞恥感，我們會想要隱藏這個被定義為「羞恥」的自己，**不讓真實的自己被他人看見**。

問題是，當我們想要與他人建立深入連結時，需要展現真實的自己，可是這件事對於遭受過羞辱創傷、帶著「慣性羞恥」的我們，是困難的。

因此，這個**羞恥感的內化**，使得我們的人格中有一塊難以去除、令我們覺得羞恥的部分，讓我們不得不隱藏自我，使得我們和真實的自己及他人隔絕。

自毀與自我傷害：身體與心理

在遭受嚴重受虐／羞辱創傷的孩子身上，我們還會觀察到一種很常見的現象，那就是：自毀與自我傷害的行為。

這些自我傷害的行為，在一開始的時候，多半是以自殘性傷害身體的方式為主。之所以會出現這些自我傷害的行為，是為了要因應那個讓人難以消化的「情緒重現」：混雜著憤怒、恐懼、自我厭惡、羞恥感、罪惡感與無力感等複雜的情緒，讓孩子就像被黑暗籠罩，有一種吸不過氣來的感覺。

曾有遭受「羞辱創傷」者對我描述這種感覺：「當那種感覺襲來，我覺得腦中一片空白，一種冰冷的感覺包圍我，就像是《哈利波特》中，遇到催狂魔的經驗。」當那種感覺襲來時，會讓人出現一種與現實隔絕的疏離感，而情緒感知上又會因而退縮麻木、情緒隔絕，但是因情緒重現而引發的複雜情緒感受，卻又包圍著自己，讓自己無法招架。

而自己的存在感，就好像消失在這些情緒當中，就像被情緒海嘯淹沒一樣。

那是一種很恐怖、恐慌的感覺，是一種「天地化為零」的感受。為了抵抗情緒重現、學會安撫自己與重新感受到自己的存在，有些孩子會採取「自我傷害」的行動，藉由自我傷害，去感受到自我的存在與自我的連結。

◆自我懲罰式的自我安撫

悲傷的是，因為孩子無法從父母那裡學到正常健康的方式與自我的情緒連結，或是學會自我安撫。於是，才會發展出這樣的方式，帶有一種「自虐的快感」，一種**自我懲罰式的自我安撫**，一種把注意力轉移的方式。一旦將注意力放在痛覺上，就不需要感受那些令人驚慌的情緒重現，也可以用「自我懲罰」來安撫內心的慣性羞恥，安撫「我不夠好」的焦慮感與羞恥感。

此外，痛覺本身就會讓我們的大腦釋放出「腦內啡」，會帶來愉悅感，所謂的「自虐的快感」指的就是這個。

但是這種快感，可能會導致上癮。而**當我們學會用這樣的方式去自我安撫時，這個習慣會被保留下來，甚至從身體上的自我傷害，轉變成心理上的自我傷害**，如「自厭懲罰的自我批評／自我怪罪」，或是成為一種「自毀性」的生存因應策略[4]，如上癮行為、工作狂等。

自厭懲罰——自我批評／自我怪罪

「自我批評」與「自我怪罪」，和「慣性羞恥」具有相當大的關聯，因此自然與過往遭受「羞辱創傷」的創傷經驗有關，那造成了我們的自我感覺不良，覺得遭受這樣羞辱、傷害的自己是糟糕的。

為了因應「羞辱創傷」所造成的「情緒重現」，「自我傷害」有時成為一種自我安撫的方式。當外顯於身體時，會以「自殘」的方式表現；但這種自我傷害，更常用一種方式留在受到「羞辱創傷」的孩子們身上，而且一輩子跟隨著，形影不離，那就是：自厭懲罰——自我批評與自我怪罪。

實際上，我之所以會把這種無止境的「自我批評／自我怪罪」，稱之為「自厭懲罰」，是因為當羞辱創傷所造成的「慣性羞恥」，讓我們感覺到自己是「不好的」，我們會在日常生活的因應，甚至情緒重現時，努力「自我批評／自我怪罪」，並且認為「自己就該這麼做」、「只有這樣，我才會變好」，甚至認為「**我做得不夠好，所以這樣罵自己是應該的**」。

◆「自厭懲罰」，是傷害自尊的利刃

這個「自厭懲罰」的習慣，會造成我們將事情、他人的過錯，**過度歸因**在自己身上、過度負責，因而時常會造成我們的界限不清、習慣負別人的責任，以及容易被別人的評價與想法影響。

這些「自厭懲罰」，也是傷害我們自尊的一把利刃，等於是我們**內隱的自我傷害**。

與自殘相同的是，當我們被父母、被其他人在言語或態度表現上羞辱，而認為自己是糟糕的、不好的時候，我們會想要在身體或心裡自我懲罰以自我安撫，因為「痛感」可以讓我們從羞恥感、罪惡感等這些複雜而受傷的情緒中逃脫，即使——

即使這個方式更傷害我們。

不過，比起身體上的自殘，「自厭懲罰」式的自我安撫，更容易被保留下來，成為我們生存適應策略的一部分。

那是因為，**對我們的文化來說，「自我批評」、「自責」與「自我怪罪」，是一種「自省」、「負責任」、「不把錯怪在別人身上」的優良美德，因此環境、他人會更加強化這個行為**，讓原本拿來自傷、讓我們失去客觀與自我評斷標準的「自我批評／自我怪罪」，成為被鼓勵的全民運動之一。

「自我批評／自我怪罪」與「自省」的不同

讀到這裡，可能很多人會想著：「可是，做錯事就應該要提醒自己，不然會一直犯錯下去啊！」這個想法，也就是「自厭懲罰」的「自我批評／自我怪罪」會存在的兩個關鍵：一種是具傷害性的「做錯事的自己是糟糕的／不堪的」的**自我厭惡**想法，以及「我做錯事是需要被懲罰的」的**自我懲罰**習慣。

但自省，其實僅是「我覺察我做過的事情，思考我有沒有再改善的可能」。也就是說，**自省僅有思考「我有沒有可以改善的可能」，而沒有「自我厭惡」與「自我懲罰」的這兩個部分**。

關於為何會「自我厭惡」？前面已經談到許多「羞辱創傷」對自我認同的影響──承繼了羞辱的我們，會造成對「自我不良」感的理由。

此外，當我們感覺自己做錯了什麼，不能只是平靜地希望自己再改善，而是需要把自己「往死裡打」，用盡心力懲罰，這仍然跟我們的社會文化、習慣有關──那就是：懲罰，才會進步。

◆要對自己殘忍，才叫「認錯」，才會「進步」

事實上，我們的社會中，有一個相當重要的文化習慣，使得「自我批評／自我怪罪」被餵養、幾乎存在於每個受過創傷的人心中，那就是——

做錯事就要受到懲罰，**不夠好，也應該要被懲罰**；只有把自己批評、罵到一文不值，才能痛到記取這樣的教訓，不會再犯，或是，才會更進步。

面對那個不夠好的自己，**大部分受過羞辱創傷的人，從來沒有過：即使犯錯了，也仍然能被溫柔對待的經驗**。不論是家庭、學校、職場，甚至伴侶關係，我們經常經驗到的，是「只要你錯了，就應該被罵、被羞辱」。

這種經驗會內化到我們的心裡，我們學到的，就是「要對自己殘忍，才會進步」。我們從沒有學會，怎麼陪伴、好好對待那個還在搖搖晃晃學步、那個不符合社會或別人標準的自己。

我們只知道，「當我不夠好，我就應該對自己殘忍羞辱，這樣我才會進步」、「不可以讓自己過太爽，這樣就會懶惰、不進步」、「合理的要求是訓練，不合理的要求是磨練」……我們在這些學到的生存策略與文化加諸在我們身上、看似「有道理」的標準中，急著甩開那個不夠好的自己，忿恨著為什麼不能趕快變得更好、更強。

◆我們從羞辱我們的人手上接過鞭子，繼續鞭打自己

內心的自我批評，就在這樣「對自己殘忍，才會變好」的習慣中，又承繼了因為受到「羞辱創傷」而內化的慣性羞恥，這些羞恥感再轉化成「自厭懲罰」的鞭子，我們從曾經羞辱過我們的人的手上接了過來，繼續盡責地鞭打我們自己。

繼續嫌棄著那個不夠好的自己，那個需要受懲罰的自己，一鞭一鞭地，鞭打在他幼嫩的皮膚上，與我們的心上。

而羞恥感，就這樣一直累積在那個「真實、但卻被認為不夠好的自己」身上。他已經遍體鱗傷、無處可躲；因此，即使我們得到再多成就、再多好表現，都沒有辦法讓我們的心覺得安慰。

因為，那個自己，被過去傷害我們的人，以及我們自己拋下了。他蹲在陰暗的角落裡，瑟縮地咀嚼著那些不被愛，以及「我沒價值」的感受。

羞辱創傷最直接的表現：否定自己

受過「羞辱創傷」的我們相信：會遭受這樣的羞辱的自己是糟糕的、不好的；被羞辱過

的自己也是糟糕的；展現真實的自己是危險的。

在這種想法中，我們帶著「否定自己」的眼光看著自己，因此，我們不相信展現出真實自己是安全的，也不相信自己的情緒是「正確」的，特別是遭受過羞辱創傷的孩子們，有一大部分都是因為個性特質或情緒而被否定。

「當我因為『我是我』而被否定時，我要如何相信展現出自己是對的？」

因此，我們慢慢收起了自我真正的感受與想法，戴上面具，開始發展出「虛假的自我」，展現出我們認為別人可以接納我們的樣子，用這樣的方式生活著。

◆你是真的愛我嗎？還是因為我「有用」？

但用這樣方式生活著的我們，卻又因而感受到挫折：

如果我因為現在的樣子被愛，我忍不住懷疑著，你愛的不是真正的我，而是我扮演出來的、有用而「好」的我；

如果我因為過度努力展現出另一個樣子、獲得成就而被肯定，**我就更相信原本沒有獲得成就的自己是沒有價值的**，於是我會窮盡我一生之力，只為了得到更多的成就，因為唯有得到這些才能被肯定。

但我也知道，追求這些的我，心中只有空虛，但我仍然不敢停下腳步，因為我不知道還能做些什麼可以帶來安全感；

如果我的情緒從來就被否定，那麼我將學會讓自己「沒有感覺」。隔離感覺會讓我感到安全，甚至可能帶給我一種意外的平靜；但是我也感覺不到愛、感覺不到活著的意義，我甚至不知道自己喜歡什麼、想要什麼，特別是因為「我的感覺與喜好」從來不允許存在；

那麼，我忍不住會想要追求主流的價值、他人的肯定，或是物質水準與權力地位的提高，因為我已經沒有辦法依賴著我自己的情緒、感受與需求做為生活評判的標準。

我只能尋求權威的認同，或是詢問著別人、找尋人生的標準答案。

但是，**人生最困難的，就是：**

它沒有正確答案，只有屬於自己的答案。

這個答案，必須依靠我們自己：靠著自己的情緒、感受與需求去找尋，可是，對於遭受過「羞辱創傷」的孩子來說，「自己的情緒、需求與感受」是人生中數一數二不可靠的事物。

因為過去有人跟我們這樣說過：「你的感覺，是不對的。」

特別是：當告訴你這件事的，是你的父母。

這種記憶的刻痕，會深深地刻在我們的心上，在猝不及防時，用痛徹心扉的方式提醒我們。

1 情緒重現與過度警覺、退縮麻木：為PTSD常見的症狀，參見《從創傷到復原》，茱蒂絲・赫曼著。

2 「毒性羞恥」概念最早由約翰・布雷蕭在《Healing the Shame That Binds You》一書中提出，與本書的「慣性羞恥」有所異同。

3 參見《第一本複雜性創傷後壓力症候群自我療癒聖經》，彼得・沃克著；《從創傷到復原》，茱蒂絲・赫曼著。

4 在「羞辱創傷的影響」單元中，會討論由防衛機轉與自我安撫策略所演進而成的生存因應策略。

父母的羞辱創傷

許多父母在過往的成長經驗中，帶著羞辱創傷長大。在這樣的羞辱創傷中，父母帶著強烈的匱乏感、不安全感與自我厭惡感。為了要安撫這些感受所升起的羞愧感、不安、恐懼與焦慮，我們會想找一個親近的對象，安撫自己這些負面情緒，而**孩子**就成為最容易被選擇的對象。

理由是：因為孩子最容易控制，也最不容易背棄父母。

父母的羞辱創傷，就這樣不知不覺地複製到孩子的身上。

最讓人驚訝的是，很多在亞洲文化中父母習慣的教養方式，卻是羞辱創傷展現的樣貌之一。

寫出這些，並非為了要用來責怪誰，而是：唯有我們開始意識、開始覺察，我們才有機會調整對待自己與他人的方式，關係才有機會改變，成為更接近愛的模樣。

那麼，父母的羞辱創傷可能會如何展現，影響父母與孩子的關係呢？

為什麼當別人（孩子）與我們想的不同時，我們就要攻擊他？

「有的時候，我其實只想要跟父母分享我覺得有趣的事情。但是說出來之後，卻會遭受他們的嚴厲批評。比如給他們看我和朋友一起去飯店開Party，飯店很美，想跟他們分享。他們卻馬上說我們這一代都很拜金，不懂得賺錢的辛苦。」

「有一次跟父母聊到同志婚姻，我說我會支持，父母立刻罵我說：『就是有你們這些不懂事的孩子，生育率才會節節下降，都是你們害的。』然後說我不結婚就是都交到壞朋友，只會爭取什麼平等自由，都不考慮父母的心，很不孝。」

「之前選舉的時候才誇張。我爸知道我跟他要投不同候選人，居然跑進我房間，想要搶走我的身分證，不讓我去投票，我差點要被軟禁在家裡。後來我成功投票之後，我爸說我沒腦、年輕人都會被煽動，不懂政治選舉手段，然後就一年不跟我講話，看到我就露出厭惡的表情。我不懂的是：就算他和我支持的候選人不同，我也不會這樣羞辱他、恨他，但他為什麼會這樣對我？」

◆父母以羞辱孩子，安撫自己的「情緒重現」

在親子關係中，當孩子日漸長大，我們會觀察到一個現象：

有些父母，時常會使用相當於羞辱性的言語攻擊孩子，可能是否定、輕蔑、批評，甚至是言語、肢體暴力——只因為孩子與自己的想法不同。

許多孩子在這樣的過程中極為受傷。有些孩子會在這樣的過程中努力澄清，但有些孩子，可能會因而轉身就走，走到父母摸不到也看不到的地方，默默療傷。

只是，為什麼當孩子與父母的想法、感受不同時，有些父母會因而羞辱孩子呢？

最大的原因，和我們前文談到羞辱創傷的影響有關：

當孩子表示出與父母不同的感受與想法時，父母過往的羞辱創傷會被激發：面對與自己不同的想法與感受，立刻感覺到自己被否定，可能會被攻擊、被羞辱。於是，「情緒重現」開始運作：父母的內心，會重現過往羞辱創傷經驗的羞恥感、不安、害怕、緊張焦慮……

於是，為了因應這個「情緒重現」，**過往用以因應、安撫這個情緒重現的防衛機轉就出現了——羞辱他人。**

◆重複輪迴的「羞辱創傷」

因為羞辱他人，永遠是一個可以最快制止別人繼續展現我們不想看到、聽到的行為的方式。且身為權力位置較高的父母，很容易可以執行這個方式，去制止孩子做出會引發父母焦慮的行動；甚至藉由否定、羞辱孩子，讓孩子不敢再做這件事情。

那麼，這些父母就不需要去調整自己的認知，他們的世界也不需要拓展，他們只要留在自己的小小堡壘裡，把孩子的翅膀打斷後，就不需要面對飛回來的孩子所帶回的任何讓他們覺得威脅的事物。

因為，外面世界與孩子內在世界的這些「不一樣」，強力威脅著父母內心脆弱的玻璃城堡。極為害怕那些不一樣、對自我世界與生存策略否定的父母們，面對如此強烈的恐懼，也只能用相對應強烈的情緒反應與手段，羞辱、傷害與自己不同的孩子。

因為受過羞辱創傷的父母們，比孩子更清楚，這樣的手段是多麼有效，因為「**我就是被這樣的手段給控制住了，到現在都還沒有掙脫**」。

重複輪迴的「羞辱創傷」，成為家族難以擺脫的詛咒。一代又一代用隱微的方式傳遞了下去，成為許多宗教口中的「業」與「罪」，刻印我們的基因與靈魂中。

這個傷，卻是我們最不想要得到的「禮物」。

要靠比較，才能知道夠好

在我們的文化上，還有一種時常出現，且因而帶給孩子，甚至大人羞恥感的文化習慣：比較。

「你看那個隔壁的小明，人家家裡環境都沒有我們好，也沒什麼錢補習，還要去打工，結果人家成績比你還好，你真是人在福中不知福。」

「人家弟弟多乖，你身為哥哥，居然還不聽話，丟不丟臉？」

「為什麼別人可以考一百分，你不行？」

……

諸如此類的比較，充斥在父母與小孩教養的過程中。甚至大人們自己也會互相比較：比薪水、比工作、比誰的小孩優秀、誰比較美……我們習慣於比較，習慣在比較中讓自己感受到優越與羞恥，然後，我們努力。

因為，我們是靠「比較」，才能知道自己是「好」的社會。

但是，這個「比較」所知道的「好」，是真的嗎？

不是的，這個「比較」能夠帶來的好，只是暫時的安心。簡單地說，這是在我們不能肯定自己，又得面對他人的羞辱時，發展出來讓自己暫時安心，覺得安全的防衛習慣：當我不停去跟別人比較，確定自己落在哪裡，我才知道我該怎麼因應，或是我需不需要再努力。

◆「比較」是羞辱創傷的來源

這樣的文化長久下來，父母難以因為純粹孩子做到了什麼，而好好地鼓勵孩子；孩子也在這當中，學到了「我需要比別人好，這樣才叫『好』」。

可是，這樣的「好」，是沒有方向，也沒有極限的：總有比你更好的人；而出社會之後，「好」的標準不僅僅是成績，方向更為全面，於是有許多人開始迷惘於自己該往哪邊走。

賺很多錢就是好的嗎？有名就是好的嗎？讓大家崇拜就是好的嗎？

屬於我的「好」，到底是什麼？

但是，因為父母與其他大人，沒有機會協助孩子建立屬於自己「好」的標準時，孩子即使長大之後，一邊迷惘於屬於自己的標準，一邊仍會抓著關於他人的標準、主流的價值，讓自己追求著別人的評價、眼光與看法。即使想掙脫，卻不知道掙脫後的自己，還剩下什麼。

當孩子從父母、師長那裡，承繼了「比別人好，才會被肯定、被愛，才不會被羞辱」的這個習慣時，如果沒有意識並擺脫，要靠自己掙脫這個多年的習慣，談何容易。

更何況，這個「比較」，很多時候，正是羞辱創傷的來源：

「你不比別人好，所以我羞辱你，希望你知道羞恥，才會努力進步。」

這種刻在我們骨血的文化習慣，是多麼地深刻又傷人啊！

這種用羞辱得來、比較式的好，換得一輩子無法療癒的羞辱創傷與自卑、自我懷疑，真的值得嗎？

參

羞辱創傷的形式

你知道最可怕的是什麼嗎？
會做出傷害性的壞事，多半是大人，
但被說壞的，卻是孩子。

以「羞辱創傷」的形式來說，有許多人以為，「羞辱創傷」就是發生在原生家庭。但實際上，羞辱創傷出現的形式有許多種，也不僅僅出現於家庭，在學校、人際，甚至職場，都會延續著這個「羞辱」的文化習慣，一刀一刀地劃在孩子的心上。

接著，我會嘗試列出實務上常見的羞辱創傷形式，由於羞辱創傷的形式多樣，因此，僅列出「常見造成羞辱創傷」的形式，提供大家參考。

外貌、性格、能力與價值否定

「我沒辦法停止吃東西，特別是壓力大的時候。我知道我又胖又醜，從小我爸還有我奶奶他們那些親戚，最常這樣說我：『你是豬啊！』『天啊！你又胖又醜，真的很噁心！』他的聲音一直在我耳邊，我一想到，就會狂吃東西，停不下來。當我很有罪惡感時，我就跑去催吐，但是當耳邊響起他的聲音時，我又忍不住大吃。我覺得自己好可悲、好糟糕。」

「從小，我媽就說我是家裡最笨的，哥哥弟弟都比我聰明，只有我笨笨呆呆的，大概未來做什麼都不會成功，最好是就找個男人嫁了，但又說我不漂亮、性格不討人喜歡，大概也很難有什麼好日子可以過。所以我一直覺得自己很笨，即使我念書的成績其實都比哥哥弟弟好，但是我仍然一直認為自己是笨的，覺得就像我媽說的，我只是運氣好，考運很好，剛好都考了我會的題目。我一直努力想要獲得別人的肯定，但又在獲得時覺得自己其實是運氣好，不管得到多高的成就，我從來不覺得自己是好的。」

「我媽會跟我說：『都是因為生了你，我的人生才會變成這樣。』我覺得我的出生，本身就是個原罪吧！當我媽在一次責罵我的時候說，『你這種死樣子，為什麼還活著』的時候，我真心相信，是有父母會恨著自己的孩子，後悔把孩子生下來的……而我就是那個不值得活下來的存在。所以我會想，人這一生這麼努力，是為了什麼？」

「小時候，我們家是個大家庭，許多親戚住在一起。當時我爸媽對我生活的規矩要求很高，只要我一沒做到，他們就會說我是個沒家教的孩子，或是罵我、打我、嫌棄我。他們常會拿其他手足或其他親戚的小孩跟我相比，而其他小孩很容易可以做到他們要的，我爸媽常常稱讚他們，說我不好。久而久之，連那些親戚的小孩、我的手足他們都會欺負我、嘲笑我……我覺得，自己在家裡像個失敗品一樣。」

包裹在「為你好」的羞辱，最難以被辨識

許多受到羞辱創傷的人們，小時候所經驗到最直接的，是外貌、性格特質、能力，甚至是存在價值的否定與羞辱。關於這類的否定與羞辱，有些父母甚至會認為，自己這樣做，是「為了孩子好」，是為了提醒孩子。

「那是因為我是你爸媽，會說實話，外面的人不會。如果連我都不說，你會變成什麼樣子？」

包裹在「為你好」的羞辱，最難以被辨識，也最容易會被著急地、以為把自己變好才能被接納，且以此得到安全感的孩子給收下來，成為自己有意識或無意識中，不停去羞辱折磨自己，「以讓自己變得更好」而才能被別人接納肯定的判斷工具。

這份工具，成為孩子拿來傷害自己、限制自己表現的刀，把不符合別人框架的自己全都切掉，**讓自己血肉模糊地站在別人為自己設的框框裡**。

在這樣的過程中，**遍體鱗傷的我們，只會急著告訴自己說：「放心吧，我們在大家的期待**

裡面，我們是安全的。」

而無視於自己的傷有多重，心有多痛。

若無法讓自己能夠符合這個框框，自我價值與自尊，就在施予羞辱創傷者一次又一次的羞辱中，消失殆盡。

「逗弄」是隱微且不易辨識的羞辱

這類的羞辱，還可能會以一種特別的形式出現，例如類似於「逗弄」的樣貌。不知道大家小時候，有沒有聽大人講過「你是從垃圾場撿回來的」，然後讓小孩在急於否定、甚至氣哭的過程中，大人彷彿把這件事當成一個笑話一樣，覺得這麼認真、把玩笑話當真的孩子好好笑。

實際上，類似這類的「逗弄」，完全沒有增進親密或感情的功用。這種「逗弄」唯一的功用，就是讓逗弄者**感受到自己是有力量的**、**全知的**；可以不在乎地操弄被逗弄者的知識真相與情緒，引發被逗弄者的羞恥感，覺得自己似乎是糟糕的、不好的、被拋棄的。

你發現了嗎？這其實也是一種「羞辱」：

也就是——使用一些手段，貶低、壓抑一個人的人格特質或價值，乃至影響到對方的自尊、對自我的看法，因而使對方感受到羞恥、覺得自己很糟糕。

這類的羞辱極為隱微且不易辨識。若當時的周遭氛圍，是允許大人可以對孩子這樣做的，那麼這樣的創傷會慢慢累積，產生相當深遠的影響。

而被對待者與對待者，都不覺得這種不尊重他人的感受與情緒、不平等位置的對待，是有問題的。

這是在**生活中時常會出現的一種現象，那就是：**

有權力、有權威者，可以隨意定義、評價他人的外表、能力、價值、性格……

而標準，是他們訂的。

處於弱勢的權力位階者，例如孩子，沒有同樣的權利可以評斷他們。

若說出來，可能會被攻擊、壓制，甚至遭受更深的羞辱……這種現象，深刻地存在於我們的文化當中。

肢體、精神暴力

關於言語與肢體的暴力與虐待，許多書籍都有提到這些傷害行為（家暴、精神虐待）可能造成的創傷與影響。不過在言語、肢體暴力與虐待中，對「羞辱創傷」的影響，我想提出兩種最常見，卻最常被忽略的傷害：「體罰」，以及「心理控制」。

體罰

近幾年，關於「能不能體罰孩子」這個主題，時常會吵得沸沸揚揚。特別是基於我們文化中「不打不成器」的想法，會有一些父母相信：「打是有效的，而且是為你好」，認為現在那些提倡「不能體罰」的教育者，都是「矯枉過正」、「讓孩子過太爽」，覺得「有些小孩很頑劣，不得不打」。

不過，關於**體罰對孩子大腦與心理的傷害與負面影響**，已經有許多書籍、論文提出。而在我工作的經驗中，發現有許多大人，對於當初被體罰、被威嚇的經過歷歷在目，但是**對於自己「為了什麼」被懲罰、責打，其實根本沒有什麼印象**。

諷刺的是，這些責打的目的，其實是為了讓孩子記得自己做錯了什麼事；但最常發生的結果，是**孩子記得的，是那種恐懼、無力反抗的感覺，甚至覺得自己是糟糕的**。

於是，心裡面默默地築起了一道城牆，和責打自己的那個人，產生了一個心的距離。因為，沒有人會真的想靠近那個讓自己害怕、無力反抗的那個人。但若無法選擇，能夠做的，只剩下抽離自己的情緒而已。

甚至，為了超越那個「無力反抗」的感覺，我們會記起這個方法「很有效」；然後，讓自己成為可以給別人恐懼、懲罰的那個人。這樣，我就可以超越那個小時候無力反抗的自己，成為一個有力量、可以控制支配別人的人。

我可以擺脫那種無力感，重新拿回我的控制與可以支配別人的感覺。

如此，我就能從中感受到，我再也不是那個無力反抗的小孩了，因而感受到控制感與安全感。

下一步，我就可能試著說服自己：「這方法對我好有效，我相信對小孩也會有效的。」這類「合理化」、讓自己認同對方，以讓自己好過，就會出現在我們常見、常聽到的話語裡：「感謝我的父母當時這樣痛打我。我現在能有這樣的成就，都是他們的功勞。」

◆體罰複製恐懼與暴力對待

也會有人認為，有些小孩真的很需要責打，需要用恐懼來威嚇。

不過，我來舉一個很極端的例子：

如果生活中你遇到一個覺得他很「欠打」的大人，會去打他嗎？一般來說是不會，因為這犯法，對吧？

所以，發現了嗎？重點其實不是在於對方的行動是不是「該打」，而是我們在面對無力反抗的小孩時，大多很習慣「不對就要打」、「我是大人，我可以用暴力傷害或懲罰你」的行為。

我想要請大家重新思考一下：

如果大人主動打另一個大人，不論如何都會被認為是「錯的行為」；那關於大人打另一個更沒有權力反抗，或是比大人更沒力量保護自己的小孩，是否真的是**需要**的行為？

這個行為，在執行時，是不是需要更謹慎？

我們當然需要教養小孩，但是立規矩與教養，是否一定要用「暴力」、「責打」的方式才能達成？

而事實上，使用這樣的教養方式，所複製的，卻是恐懼、無力感，甚至是暴力對待方式的傳遞。

卻失去了理解與聆聽的可能。

心理控制

「心理控制」的教養方式，與「情緒勒索」有些類似，也就是父母使用一些方式來**干預、控制孩子的心理自主性與自我表達**，不考慮孩子的個人心理需求與感受，也不鼓勵孩子可以主動發展自我，或是對外接觸等等[1]。

也就是說，父母希望孩子能夠盡可能**按照父母的期待與需求**去過生活，而不鼓勵孩子，以成為與父母不同的獨立個體去發展。

在這過程中，使用「心理控制」教養方式的父母，會選擇一些控制孩子心理的手段來達到自己的需求[2]，例如撤回關愛、引發罪惡感、逐漸加深孩子的焦慮感、限制孩子的表達等。而在我的實務經驗中，發現**經歷過「心理控制」教養的孩子，是最不容易被發現有著「羞辱創傷」的一群人**。

因為，就過去台灣的教養經驗中，以父母的標準為標準，父母「為你好」，所以你應該做到父母要你做到的事情。如果不做到，就是「不聽話」、「不孝」……這是一個約定俗成、不會被認為有什麼問題的教養狀況。

但是，什麼叫做「聽話」？父母責罵、要求的程度，怎樣叫做「訂規矩」，怎樣叫做「控制、限制孩子的身心發展」？這些模糊的標準，讓有些父母無法覺察到自己控制孩子的行為已然太過，侵害到孩子的情緒界限，使得孩子的生活必須壓制自己的情緒與人格發展，以父母的標準與情緒做為行為依歸時，對孩子的影響會有多大。

在這裡，我整理出兩種常見的父母「心理控制」的教養方式，而這也是最容易造成隱性羞辱創傷的教養方式：

◆言語的輕蔑與否定

曾有朋友向我分享他的一段經驗：

他們全家一起去看車，當時身為哥哥的他就讀國中，還有一個四歲左右的妹妹。買車的理由，是因為常需要接送他與妹妹，於是父母與業務討論要買小客車，還是休旅車。業務極力鼓吹休旅車：「你們還要放兒童座椅，休旅車坐起來比較舒服。」媽媽問了價格，休旅車的費用比小客車貴上許多。

這時候，聽到價格的哥哥面有難色，就說：「媽，我們要不要先買小客車就好了？」沒想到哥哥一說出這句話，媽媽立刻轉頭罵哥哥說：「你都只有想到你自己，你怎麼都沒想到妹妹？你真的很自私！」

聽到這句話，哥哥立刻低下頭，再也不說一句話。

我聽到這個經驗時，忍不住問他：「天啊，你媽居然當著大家的面這樣說……可是你會說要買小客車，應該是因為覺得休旅車太貴吧？」

他看似無所謂，聳聳肩回答：「對啊！不過說了，我媽也不會相信。反正就這樣，我習慣了。」

我聽到的時候覺得好驚訝，又好悲傷。

那句：「**反正就這樣，我習慣了**。」背後藏著多少一次又一次的被否定、被輕蔑、被羞辱與被貼標籤？是真的無所謂？還是因為太痛了，得讓自己無感，才能「習慣」？

被自己生命中應該是最重要的人，一次次地否定與貼標籤，是多麼痛苦與殘忍？而為什麼，我們需要習慣這種事？

像這種**「你很自私」**、**「你只在乎你自己」**、**「你根本一點都不想努力」**……**這些話，失去了對等與尊重，只有一方的聲音與標準，而另一邊時常是被誤解與傷害的。**

當父母以為他們對我們這樣，是為了「糾正」我們的行為時，那些「我說了算」、「你一定就是像我講的這樣」的誤解與傷害……

這些傷，要花多少時間才能好？又有誰可以理解與撫平？

◆情緒壓制、否定與忽略

阿平從小就知道，只有爸媽可以生氣、吵架、發脾氣，如果自己有脾氣，一定會被打得很慘，或是會被懲罰。原本他以為，這些事情都過去了，自己不會被影響。

但當有一次帶著小孩、太太一起去郊遊，小孩昨天因為太期待而沒睡好，所以沿途一直吵時，阿平突然忍不住大吼孩子，說：「不要去玩了，回去好了！」

當他憤怒地開車回去時，太太被嚇到，什麼都沒說。孩子小聲抽泣著，車內一片安靜……

他突然發現這場景好熟悉：「這不就是我小時候的經驗？每次我出現情緒，我的父母就會懲罰我，讓我沒辦法做我想做的事、去我們原本講好要去的地方？」

阿平突然覺得好難過。

他一直覺得，表現情緒是一件很糟糕的事情，平常和他相處過的人，都會說：「我覺得你人很好，不過好像有一道牆。」而他的情緒，就是會在某些時間突然爆發，嚇壞身邊的人。

阿平開始尋求諮商。但在諮商過程中，他一次又一次碰壁，一次又一次的「沒有感覺」。他想著：「或許我就是這樣了，我就是天生有什麼缺陷的人吧！」

某一天，阿平做了一個夢：

夢裡的他年紀很小，他正在哭，許多大人包圍著他。他們對他說：「羞羞臉，男生還哭哭。」「你看，別人都在笑你了……」「男生哭哭好丟臉，不要哭了。」……

在夢裡的他覺得好羞恥、好丟臉。他拚命擦著眼淚，想要讓自己不哭，讓這些大人不要笑他，但是止不住淚流。

然後，他醒來了，眼角帶著淚，心中充滿了悲傷。

他終於想起來了：「原來，我一直覺得，表現情緒是一件很丟臉的事情……」會被人嘲笑、看不起，不會有人來照顧我。那種羞恥的感覺，揮之不去。

◇◇◇◇

非常多人跟我提到，自己在童年時遭遇到情緒被否定、被壓制的經驗。有性別的關係，被要求不能表達情緒；也有因為自己的情緒無法被父母接納，而被否定、忽略的經驗。那種「你有情緒是很丟臉、不好的」與「你怎麼可以有這種情緒，會這樣，就是因為你太敏感、情緒化」……這類的情緒壓制與忽略，其實不停地充斥在我們的生活與文化當中。

當孩子心裡，裝的是父母的感受與需求……

最悲哀的是，在採取「心理控制」教養方式的家庭當中，常見出現：只有父母的情緒是情緒、父母的感覺是感覺，孩子是沒有被允許能有情緒自主性的。於是，當因為一點小事，父母情緒爆發，或是讓孩子感覺「自己不夠好，就會失去照顧與關愛」的這些事情，都是「日常」的時候，孩子就帶著這樣的創傷長大。

「心」這個容器，裝的就不會是自己的感受與需求，而是能主宰他的生活的父母，他們的情緒與要求。

於是，長大之後的孩子，無法辨識、知道自己的喜好，因為能夠指引他們的情緒已經癱瘓；即使情緒升起，他們還是會習慣性地以別人的情緒與感受為主，讓自己處在「自我需求」與「他人期待」的兩難當中。

而最後，「他人的期待」幾乎都會獲勝，因為這就是他們**成長的生存法則**。

◇◇◇◇

有些孩子，在經歷許多創傷之後，願意回過頭去看自己在這過程真的受傷了，接受父母有其限制的可能性；但是在理解自己的創傷時，仍然不習慣先照顧好自己的感受，而會逼迫自己：

「既然我已經知道他們有困難，也很難改，那我有能力，我應該多做一點。」

但卻在這「多做」中，尚未照顧好自己過往的創傷，而會在歷經與父母關係中再一次的挫敗時，出現更大的情緒重現，而憂鬱、憤怒、羞恥感等會一湧而上。最後變成恨，甚至造成彼此關係的直接斷裂與疏離。

而這，是最令人傷心的結果。

並非要責備父母

我了解討論這些互動並非易事，甚至有些父母會感受到被責備，因此會有許多情緒。但我仍強調，談論這些並非要討論誰對誰錯。因為若這是一個文化習慣，我們沒有意識到這些框架，就無法跳脫這樣的教養方式。

而若我們沒有意識，有時因為父母的焦慮與不安，使得孩子必須以父母的情緒為情緒、以父母的目標為目標時，會讓孩子限縮自己的人格發展；或是，當我們使用一些否定人格、否定情緒的語言教養孩子時，會影響孩子對自我的看法、自我價值與自尊，這些傷害就會約定俗成地繼續延續下去。

我們要做的，不是討論對錯，而是彌補、改善與預防。

若有機會了解，怎麼做能讓孩子得到愛與支持、怎麼做能讓孩子不受傷害、怎麼做能讓孩子的人格健全發展……了解孩子與大人一樣，都是一個獨立的個體、是平等的人，需要被平等的對待與尊重，對整個社會都是一件很重要的事。

若當我們在說著這些孩子的痛楚時，卻為了父母的感受，以至於必須壓制孩子說出自己的傷痛，這**又是再一次的情緒壓制與忽略**。

對於創傷的療癒與關係的修復，幾乎沒有幫助。

而愛，也會在這之中消失殆盡，只剩下責任與義務。

那對於父母與孩子來說，不是很可惜嗎？

1 程景琳、陳虹仰（2015）：〈父親及母親心理控制行為與子女同儕受害的關聯——社交焦慮的中介影響〉。教育心理學報。

2 吳宜蓁（2015）：〈子女知覺父母心理控制行為及其對子女的影響——以大學生與研究生為例〉。國立臺北教育大學，台北市。

霸凌

「霸凌」通常具有：「權力（或人際關係）的失衡與濫用」、「受害性的存在」、「持續性與反覆性」這三個要素，也就是：「單方面對於比自己弱小（體格、權力、人際關係……）的人，持續進行身心的攻擊，使對方產生無比的痛苦。」[3]在《霸凌是什麼》這本書裡提到，「霸凌」多指於發生在小孩之間的霸凌。如果是大人之間，則會用「騷擾」這個詞替代。

此外，由於霸凌場合可能在學校、家庭、其他人際，形式也有許多種類。因此，為避免重複，我這裡所提到的霸凌，是針對在孩童時期，在求學當中，面對與同儕，甚至是老師等大人，所經驗到的**權力不對等的羞辱、被攻擊經驗**。

◇◇◇◇

我曾經在生活中、工作中聽過許多人與我訴說關於被霸凌的經驗。在聽到大家的經驗訴說時，我發現每個遭遇霸凌的人並沒有明顯的共通點，也就是說，會遭遇霸凌的原因千奇百怪，也可能與當時的環境與團體的結構有關。

在目前大家最常聽到或遇到的，可能是同儕之間的霸凌，以及上對下的教師霸凌。關於同儕霸凌有較多的文章、書籍討論，因此，本段將針對「教師霸凌」做一些分享。

教師霸凌

台灣有一種常見的霸凌，是「教師霸凌」，也就是教師因為自身對於學生的標準與期待，以此標籤化，甚至不自覺羞辱學生，抱著「不打不成器、不罵過不去」的心情，認為自己是「為學生好」，帶著權威性的態度定義，甚至製造出羞辱與霸凌的環境。

我相信談到這裡，可能會勾起一些人求學的回憶與經驗，而我自己也想跟大家說一個屬於我的故事。

要述說這個故事，對我並不容易，且它並非是一個典型的霸凌經驗，但我仍想藉由這個故事，和大家聊聊關於「霸凌」這件事對孩子的影響。

我有一張從來沒有拿給媽媽的獎狀，那是一張小學六年級當選模範生的獎狀。

在我小學五年級時，學校有個自治市長選舉。當時，我是被老師點名出來選舉，而後選上。

不過，從小我非常討厭所謂的班上選舉。因為當時常出外比賽、沒有待在班上，加上性格並不擅長與同儕交往，我喜歡看書，有些人會覺得我「很驕傲」、「難以親近」，所以在班上朋友不多，但因為和別班有一些其他的互動，所以別班同學反而跟我關係不錯。

所以這次「被欽點」出來選全校性的選舉，即使班上同學有一半的人沒有投票給我，但我仍然當選，成為那一屆的自治市長。

當時的導師在我選上後，把我媽媽找去，諄諄善誘。意思是：「雖然你女兒選上了，但班上同學這麼多人不投給她，絕對是因為她有什麼問題、太驕傲了，你得好好調教。」

媽媽回來之後，沒有罵我，不過教了我「做人做事的道理」。

於是，從那時候開始，我很努力地察言觀色、學會討別人開心、注意別人臉色；當時我不太看一些愛情漫畫，也不太看電視，但為了跟同學有話題，很努力跟上進度，希望可以不再被別人說「很驕傲」。

花了半年多的時間，我自以為自己交到了一些好朋友，「跟班上同學的關係應該也好轉了吧」……正這麼想的時候，適逢全校模範生選舉，老師問了全班，請大家推派候選人。

不意外地，我被提名了，但是選我的，只有提名我的那個男生。

當時的我覺得羞愧難當，恨不得奪門而出。

我坐在座位上低頭想著：「拜託，趕快讓這一切結束吧！」

但當時的老師說了一句話：「我還是會叫周慕姿出去選。因為她出去選，才會選上。不過，全班沒有選她的人，我要你們上台說『為什麼你覺得她不適合當模範生』，讓她好好檢討。」

於是，我看著同學魚貫上台，一個個羅列出我的缺點，說出我不適合當模範生的原因。

有不少同學當時是我的「好朋友」（或者我以為是），他們說不出理由，只在台上哭著說：

「我說不出來為什麼不選你，但我覺得模範生應該不是你這個樣子。」

或許他們說得對。

從小我就很有自己的想法，很會發問，常常問倒老師。不是笑臉迎人的人，話又很多，不太守規矩。

只是，我看著他們的眼淚，我一滴淚都沒流，心裡只想著：「啊，原來這就是別人對我的看法。」

◇◇◇◇

現在的我，想起當時的感受，那種被老師羞辱、自己不夠好的羞恥感、對同學與老師的憤怒與受傷，以及看著同學的眼淚而出現的罪惡感……這種非常複雜的情緒，像海嘯一樣，一下將我淹沒。

最後，我感覺到的，只有麻木感、想躲起來的退縮，還有對世界與人產生極大不信任的感覺。

這些情緒對我來說太難消化。

對當時小學的我來說，只感覺到：「原來，我就是不夠好的人，需要讓老師用這種羞辱我的方式，指出我的錯處；原來跟你表面上再好的人，你都不知道他們對你真正的感受是什麼。」

所以，接下來的事情，我沒什麼印象，也沒有什麼情緒感受，大概就是按照老師的要求，出去選了模範生，發表了演講，然後如老師所料，我高票當選。

唯一一張沒有給媽媽看的獎狀

以前，我是一個很在乎媽媽開心的人，所有的比賽從參加到結束，得獎與否，都會讓媽媽知道，特別是獎狀，我一定會拿回家。回家的路上，想像媽媽開心的心情。但這一次，我完全沒有跟媽媽說我出來選舉的事。選上之後的獎狀，被我丟到了學校垃圾桶。我沒有帶回家。

也是從這個時候開始，我就非常害怕同儕。我沒把握自己可以被接納、被理解；但我知道，只要我把自己變得很厲害，至少我可以不在乎這些攻擊，或是說，我可以假裝不在乎，只要我認定自己是個人緣很差，一定會被討厭的人。

只要我能力好，可以做到別人眼中的成功，我就能找到自己的一席之地。

只是，偶爾我也忍不住想：「為了避免這種害怕，我這麼努力地增進自己的能力。只是，這種別人眼中的成功，對我到底有什麼意義？」

現在的我，回想起這段經驗，才慢慢理解到，這件事情其實只是導火線。

◇◇◇◇

當時，老師時常拿我跟其他同學比較，說著：「你們有像她這樣，不用上課成績都那麼好，我就不會罵你們。」

受到羞辱的同學們，很難不把氣丟在我身上，加上我與大家的相處時間太少，很容易成為一個「被憤怒」的對象；另一方面，老師一直覺得他是「為我好」，所以認為我會被同學討厭，「一定是我有什麼問題」，因此必須「不遺餘力」地調整我。

或許是好意吧，但受到羞辱的兩邊，不論是同學或是我，沒有人的「好」能在這樣的羞辱中存活或滋長。

最後剩下的，多半是憤怒、羞恥，甚至是說不出口的受傷。

孩子隱微、難以辨識卻又常見的羞辱創傷

在「教師霸凌」中，最難被辨識的地方，是因為，有些老師會認為「你做錯事，就應該被懲罰，而這個懲罰就是羞辱你，或是肢體與言語上的暴力」。

帶著這種「我的標準才是正確、最好」的權威態度，以及與學生擁有不對等的權力，使

得這類的霸凌，在我們過去的求學經驗，甚至延伸到部分現今的教育環境中，成為許多孩子隱微、難以辨識卻又常見的羞辱創傷。

另外，這類的否定，對於施予羞辱者來說，有時候目的不一定是「為你好」，而是為了「發洩情緒」、「控制對方」，但施予羞辱創傷者可能沒有意識，或是不想承認，因此**用「我是為你好」做為保護傘與施行這個行為的「合理性」理由**。

也就是說，當我們否定、羞辱對方時，藉由否定對方的過程，可能會感受到一種控制的、羞辱他人的快感，甚至能在辱罵或肢體懲罰中，發洩自己的「被冒犯、標準被挑戰」的情緒；而且這種感受到「自己是有能力的、是好的」的感覺，會使得這樣的羞辱更容易發生，也會讓施予羞辱者內心因而得到肯定，更認為自己這麼做是對的。

就這樣，呈現了一種「雞生蛋，蛋生雞」的惡性循環。

而沒有一個被這樣對待的孩子，可以從其中得到進步的動力；孩子只能在這樣的創傷中，學會讓自己如何在懷抱這個傷中往前走，以及怎麼走，才不會那麼痛的方法。

即使這個走法可能會讓我們看起來歪七扭八；可能也讓我們不敢邁開步伐、不敢走向自己想走的目標，成為自己想成為的人。

因為創傷的關係，使我們已經無法相信自己的標準，只能下意識地去抓取別人對我們的期待，然後為了不怕被傷害，下意識地去順從與達成。

3 參見《霸凌是什麼》，森田洋司著，李欣怡譯，經濟新潮社出版。

肆

羞辱創傷的影響

遭受「羞辱創傷」的孩子們，內心可能會一直迴盪幾個問題：

為什麼是我？

我該怎麼做，可以不被傷害、可以不會感覺到那麼痛？

是我就這麼糟，還是這個世界太糟？

這個世界有可以相信的人嗎？會有人愛我而不會傷害我嗎？

前文，我談到羞辱創傷可能引發的症狀，而為了去避免、適應這個症狀，特別是對我們來說，像是情緒海嘯般的「情緒重現」，因此，我們會開始發展出自己的防衛機轉。**這些防衛機轉**，隨著原本是孩子的我們長大，會因為進入社會、適應生存，而有一些調整與變形：**變成更為精緻化、社會化的「因應生存策略」**。

關於羞辱創傷的影響，我們需要理解：所有發展、出現的形式，都是還是小孩的我們，努力找到讓自己在這樣的傷害中**可以生存下去的方法**。

事實上，除了發展出因應的防衛機來保護自己，讓自己受傷不會那麼痛之外，遭受「羞辱創傷」的孩子們，內心可能會一直迴盪著幾個問題：

- 為什麼是我？
- 我該怎麼做可以不被傷害，可以不會感覺到那麼痛？
- 是我就這麼糟，還是這個世界太糟？
- 這個世界有可以相信的人嗎？會有人愛我而不會傷害我嗎？

而這幾個問題，又分別會使孩子形成幾種核心信念：

■ 為什麼是我？——**負面自我認同與自我歸因**

■ 我該怎麼做，可以不被傷害、不覺得痛？——**因應的生存策略**

■ 是我糟，還是這個世界太糟？——**對世界的負面看法**

■ 這世界有可以相信的人嗎？有人會愛我而不傷害我嗎？——**對關係的不安全感**

從這些問題中，我們就可發現，其實這些問題就是孩子們找尋如何解釋、適應這些創傷以利生存的狀況。

而這些被傷害的孩子們，就在找這些問題的答案中，被羞辱創傷一點一滴地侵蝕影響著。從一開始的防衛機轉中，慢慢形成了自己的**核心信念**，與**因應痛苦的生存策略**。而這些，都是羞辱創傷對我們的影響。

自我防衛機轉

戰、逃、僵

在面對壓力時，「戰、逃、僵」是我們最常見的防衛機轉，保護自我免受更大的傷害，而**這些防衛機轉，重點其實都是在：「控制」**。

例如，「戰」最常呈現的樣子，是「迎戰」，也就是面對不安時，是靠「**控制別人**」來覺得安全。可能是攻擊對方、對抗對方的否定，甚至過度自戀、需要自我表現與被肯定。也就是說，藉由「控制別人」讓自我感覺變得良好，就成了「戰」常見的展現。

而以「逃」的展現，重點也是「控制」，但卻是「**控制自己**」：讓自己可以變得完美無缺、各項細節做到一百分，或是讓自己可以處在「可控制」的環境，不會有太多不可預料的事情發生。

這種「控制自己」讓自我感覺良好，就會是「逃」的最明顯展現。

關於「僵」，所控制的，就是「讓自己沒有感覺」，也就是「**控制不痛**」。讓自己解離，甚至自我放棄，覺得自己被羞辱是應該的，如此就不會有太多的掙扎或痛苦；或是使用物質來降低自己對生活、與對自己失望的感受，退縮在社會之外，就會是「僵」常見的展現方式。

有些時候，這些防衛機轉不會單一出現，很可能同一個人在面對羞辱創傷所引發的情緒，或是與他人的相處時，會出現混合的狀況。

但**這些防衛，都是為了有「控制感」的自我保護**，希望未知的痛苦不會在毫無準備的情況下，落在自己身上，以免感受到難以言喻的痛與海嘯般的情緒重現。

討好

「討好」可說是當我們遇到危險時，除了「戰、逃、僵」之外，一種因應人際而發展出來的防衛機轉[1]。比起戰、逃與僵住，「討好」似乎是一個更社會化，且更具有效能的一種防衛機轉。

使用這個防衛機轉，必須讓我們放下自己的感受、情緒與需求，努力迎合造成我們羞辱創傷者的需要；也就是說，用這個方法時，必須把我們心裡的自己倒出來，裝滿對方——那個傷害我們的人。

我們的心會在這樣的過程中，感受到不忿、挫折，甚至覺得「自己真糟糕」的羞恥感。可是，使用「討好」做為防衛機轉的人，會很快丟下自己的這些感覺，因為那些混合著焦慮、恐懼與自我厭惡等的「情緒重現」太過難忍，而在羞辱創傷中成長的孩子，也幾乎沒有學習到如何安撫自己情緒的能力——

因此，我們可能會放棄安撫自己，而學會安撫別人，達到別人的標準，藉此讓自己感到暫時性的安心、安全感，並且安慰自己：

「至少現在能做到對方要求的我，是好的。」

如此，我們很容易變成別人利用來滿足需求的工具。**我們的自我價值與意義感，也變成建立於「我做了什麼事」，而不是「我是怎樣的人」**。

否認

遭受羞辱創傷的孩子，還有一種常見的自我保護方法，那就是否認。

「否認」是受創傷的孩子很常見的防衛機轉之一。因為責怪施予創傷者對他們來說太痛苦，那似乎代表著對方可能不愛自己，或是會遭遇這樣創傷的自己是不值得愛的、有問題的。

前文有提到，「羞辱」帶有控制他人人格的意義在，而「羞恥」讓人會想隱藏這樣的情緒與事件。因此，對於許多受創的孩子，甚至成人而言，「否認」這件事的存在或被發現，可以讓他們安慰自己：

「這件事情其實沒有發生，情況真的沒有那麼糟糕，我還是被愛的。」

因為對於受創的人們來說，承認羞辱創傷的存在，或是進行著，都很難不先經歷一種**被拒絕**、**關係被撕裂**、**羞恥與罪惡**、**無助與無力的感受**。

而且，當應該保護自己的人，成為對自己威脅最大的人，我們不免會開始懷疑這個世界是否安全，覺得自己遭受遺棄或被「背叛」，那使得我們的安全感、自我感全都消失，是一種足以毀滅我們自我世界的感受。

因此，「假裝沒有發生」其實是比較簡單的方法，尤其是經常經驗到「退縮麻木」，或使用「情緒隔絕」、「解離」來保護自己的孩子，更容易會出現這樣的狀況。

「否認」最常會以這兩種形式出現：「遺忘與放空」、「淡化與合理化」。

◆遺忘與放空

在遭受「羞辱創傷」後的許多孩子，即使長大成人後，時常會「忘記」創傷當時發生什麼事；或者是，時常處於放空或失神的狀態。

這種「半解離」或是「解離」的現象，實際上，是在創傷經驗後，留下來保護孩子的一種狀態。當我們遇到太難忍、太難理解的被對待方式，為了不去再次感受那樣的痛苦，把自己放空，甚至解離——讓自己的意識不在自己的身體裡，甚至像旁觀者一般地看著被這樣對待的自己，會讓這一切似乎能夠忍受一些。

我遇過很多這樣的大人，特別是在依附類型中偏向「逃避依附」者，時常使用這樣的方法來處理那些創傷與情緒。只是，**這樣的隔離方式，讓我們可以隔絕傷害和痛苦，卻也會讓我們隔絕情緒、隔絕自己和他人。**

於是，生活中愈來愈失去感覺，愈來愈沒有生存的意義，自己為了害怕被傷害所建立的牢籠，生存其中的自己，卻慢慢成為行屍走肉的傀儡。

心，也就這樣被遺失了。

◆淡化與合理化

在我的工作，遇過許多的人遭遇到極為嚴重的羞辱創傷。但一開始他們都會告訴我：

「其實，我覺得這樣還好啦，沒那麼嚴重。」

「我可以理解，父母當時會這樣，是因為他們也有困難，我可以懂。」

「當時對他們也不容易，會這樣對我們，也無可厚非。」

這種「淡化與合理化」的解釋方法，其實常見於我們的日常生活。例如：

當你在一份工作中被不公平對待，你可能會跟自己說：「雖然我在這個工作，常會被羞辱、被不公平對待，但跟非洲的難民比起來，我能有一份工作，可以糊口，已經非常幸運了。」

如果你的家境還不錯，當你鼓起勇氣說出你的童年創傷，會有人告訴你：

「你不要抱怨你的童年了，你可以不愁吃、不愁穿，應該要感恩了。」

「拜託，這樣，你都不滿意。你已經很好命了，好嗎?!」

類似這樣的經驗，不勝枚舉。

也就是說，這個「淡化與合理化」的否認機制，不僅僅是孩子在小時候會這樣對自己；**長大之後，就算他不這麼做，也會有人提醒他該這麼做。**

否則，「就是不懂得感恩，只知道抱怨的壞孩子」。

於是，我們就會發現，在這些否認機制下的創傷，並沒有被修復，而是被否認、被掩蓋。

所以，當它有一天大到沒辦法讓人承受、掩蓋的時候，它會用極大的力量爆發。

有些人會變得極恨對自己做出這樣事情的人，甚至忍不住去報復，或是把這樣的情緒丟到別人身上，變得渾身是刺，影響他的人際關係。

或是，更常見，也更簡單的，在社群上到處攻擊別人，留下他的怨恨在許多地方。

而那些都是傷。

「感恩」與「創傷知情」能同時存在

「感恩」與「創傷知情」，這兩件事從不互斥：我們可以謝謝別人的善意與照顧，卻不代表我們要因為這樣的照顧，而否定他可能曾經在我身上造成的創傷。

他可能有困難，可能當時他也不容易，甚至他可能也是羞辱創傷的受害者而不自知；但是，他曾經在我身上造成的創傷，不需要因為這些理由而被抹滅。

因為，**我的感覺，對我是最重要的。我尊重我的感覺，不代表我一定會去怨恨或傷害別人**。

但是，在界限不清的社會文化中，為了維持「上對下」的階級地位，有時我們連「保有、承認自己的感覺」都不被允許；連僅是試著看到自己的創傷，都被認為是種背叛，「不懂感恩」。

這還是回到我之前談到的，那種**文化性的「抓交替」**；

一旦我也不允許自己去感受這些傷，你又憑什麼可以這樣做？這樣做，就像指責我一樣；以前別人對我的，我都忍了，你憑什麼過那麼爽？

在這樣的心情下，有些人會盡其所能捍衛這個機制，而在其中，**失去對他人、對自我的憐憫與同理心**。

而我認為，這種因為文化性而建立起來、代代相傳的「否認機制」，其實是我們帶著這樣的創傷經驗，最難忍而最殘酷的對待。

◇◇◇◇

不論是「戰、逃、僵或討好」，甚至「否認」，都是這些受創的孩子們為了自我保護、自我安撫以「活下去」的方式。

事實上，面對因為「羞辱創傷」所引發的情緒重現時，每個人的因應策略有所不同，為了不去面對這些難忍的情緒與傷口，除了一開始的這幾種防衛機轉外，也會慢慢形成一套屬於我們自己的「因應的生存策略」，用以保護內心不再受傷，或者不用再去感覺與處理這些傷口。

只是，這些傷口可能會在這些因應的生存策略慢慢變得無效，或是需要與他人建立真實的情感連結時，再次暴露出來，而讓我們手足無措、束手無策。

那時的我們，可能會更努力施行這些無效的防衛與策略，企圖努力想藏起受傷的自己，卻沒想到，這可能反而傷害我們與自我、與他人的關係。

1《第一本複雜性創傷後壓力症候群自我療癒聖經》，彼得・沃克，陳思含譯，柿子文化出版。

「為什麼是我？」——自我歸因與投射性認同

當我們的生活，或是自身出現「危險」、發生變化，讓人不安，或面臨極大改變等自我無法馬上消化、承受的事時，我們很習慣會想要去「找一個理由」，解釋為什麼會發生這樣的事。

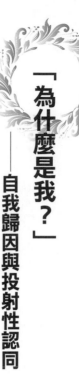

我們可能會「內歸因」或「外歸因」：「是因為我而造成的」，或「是別人／環境造成的」。

隨著長大、經驗到愈多的事、對世界的理解愈深，我們愈可以合理評估這件事的歸因為何，以此做為「預防危險再度發生」與「安撫自身情緒」的方法。

我會被父母羞辱，是我的錯

而在孩子早期的發展階段，若遇到創傷事件時，內心很容易出現這樣的疑問：

「為什麼是我受到這樣的傷害？是因為我做了什麼？還是我本身是壞的？」

這時候，如果沒有大人從旁協助，孩子很容易會出現「自我歸因」的狀況，那就是：

「會發生這樣的事情，都是我造成的。」

尤其當傷害孩子的，是孩子渴求愛、期盼可以依靠的父母時，對孩子而言，去責怪父母實在太難。因為，若父母真是壞的，在這個世界上，他們還可以相信誰、愛誰與依靠誰？所以，孩子傾向將受創的歸因放在自己身上。

此外，在「羞辱創傷」中，孩子與父母還會形成一種特殊的關係，就是：**父母會把自己無法承受的、壞的或脆弱的部分，投射到孩子身上**。例如，受到羞辱創傷的孩子，父母會對孩子使用的語言，也多半是將自己情緒發洩的理由，歸因在孩子身上。因此，孩子會潛移默化地，接受這個對自己最重要的人的歸因：

「父母會這樣羞辱我，都是我的錯，都是我的問題。」

這就是所謂的「投射性認同」。

而**負向的自我認同**於是逐漸形成，影響孩子對自我的看法、防衛機轉，以及日後的生存策略。

負面的自我認同：用以解釋自己會被這樣對待的理由

在自我意識仍強的童年時期，不論是施加羞辱創傷者，或是我們自己，都很容易將被對待的方式怪罪在我們身上，也就是說，我們會覺得：「我會被這麼對待，是因為我不好／我做錯事」。

特別是，羞辱的創傷經驗，本身就會引發強烈的羞恥感與罪惡感等負面感受，對於情緒發展尚未完全的孩子來說，是非常巨大的負面情緒經驗。如果這個羞愧本身包含「懲罰」，更是難以消化，**「怪罪自己」，也可以達到一種「自我懲罰」式的安慰**。

因此，「負面的自我認同」時常是遭受到羞辱創傷（或童年創傷）的孩子們會出現的狀況。因為被這樣對待，會覺得不安全、恐懼，不過當我們能夠為這樣的狀態找到一個理由，「至少我就知道我可以怎麼做」，來避開這樣受傷害的狀況。而對孩子來說，「自我認同」的形成，有一大部分是因為早年經驗於「我在別人眼中是如何的」，因此遇到羞辱創傷時，解釋成「是我不好」。雖然痛苦，但「會讓我知道可以怎麼因應」。

更何況，在遭遇羞辱創傷的當時，施加羞辱創傷的人，多半是權力位階較高的人，「我沒有機會改變他，我能改變的只有自己」。因此「是我不好」的這個想法，會讓人因而出現一些其他的因應策略，可以讓這樣的痛苦狀態比較熬得過去。

不過，這種**為了「適應」而出現的負面自我認同，會侵蝕自我理解、自我接納與自我保護的能力**，並以幾種內在形式表現：

◆自我感覺不良、自我厭惡、批評與輕蔑

遭受過羞辱創傷的孩子，無一倖免的是，容易對**自我的感覺不良**，也就是：有不好的自我形象。

另外，容易複製父母或是他人曾經對待自己，讓自己遭受羞辱創傷的方式，因此容易自我厭惡、自我批評與怪罪，甚至會輕蔑自己。

◆容易自我懷疑、難以建立自我標準、自我接納困難

由於在過往的成長經驗中，大多數遭受過羞辱創傷的孩子，都曾發生過「有情緒的自己」被否定、被羞辱或是被忽視的經驗，因此，對這些孩子來說，「有情緒的我，是不好的」、「我的情緒是錯的」、「我的情緒會造成別人困擾」、「有情緒就代表脆弱與不理性的」……這些想法會一直籠罩在孩子的心中，讓孩子在探索自我的成長過程裡，沒有父母可依賴，也沒有自我的感受可依憑。

最後能夠依憑的，只有他人的情緒反應與評價標準。

孩子用「虛假的自我」，求得生存

所以，這些孩子會花很多時間努力去做到別人希望自己做到的事，甚至為了適應環境，演化出「虛假的自我」——因為真正的自己、那些靠自我感覺所累積出來的真實自我，是不被接納的。

於是，孩子為了生存，只好慢慢累積出一個符合身邊的人、社會標準所接納的「虛假自我」。

而當我們為了生存，內化了羞辱我們的人所給的標準與看法，讓我們都以別人的標準為主，時常懷疑自己的感受，甚至否定自我情緒，這會使得我們沒有機會知道自己的喜好，也沒有機會**建立屬於自己的標準**。

因為，**要建立自我的標準，我必須以我的情緒、感受做為線索，試著在社會中與他人互動**，如此，才能慢慢地了解：若我要與世界、與他人建立關係，我要把自己的界限設在哪裡。哪裡是不會侵犯到別人，又可以不委屈自己的位置。

在這個過程中，不可能不犯錯，也不可能不冒犯到別人或不委屈到自己；但若我能夠學會尊重自我的感受，我必然也會尊重別人。那麼，慢慢地練習，我就會摸索出自己的界限和標準。

但若我不能感受自己的情緒，我的心只能用在感受他人情緒時，我自己永遠是空的，而我的情緒，也會因為他人的情緒起伏，不再唯我自己所用。

因為，**心是一個容器，裝滿了別人，就裝不下自己**。

註：關於「虛假自我」，由於是「因應的生存策略」的一環，後面我們會再詳談。

◆無法自我保護

如果我們必須以別人的情緒與評價，做為我們的生存法則時，曾經遭受過羞辱創傷的我們，又因而對自己的感受被忽略、被踐踏，甚至自己被否定、被攻擊等經驗不陌生，這會使得我們對於別人錯待我們、羞辱我們或是侵犯我們的經驗，更容易「忍受」。

因為這種痛我忍受過，而且，我很熟悉。

在過往經驗中，遭遇羞辱創傷的人們，時常陷入「沒有人教導自己是可以保護自我認同與自我感受」的，因此，當日後再遭遇到類似情景，很可能用「認同」傷害我們的對方所評價我們的方式，協助自己不要出現「認知不協調的狀況」。

但是，在長大的過程中，一些其他的標準與想法會進入、累積我們的知識，形成我們的思考與想法，因此，我們會有一些經驗，可以「理性判斷」知道自己是沒錯的，但卻又放不下那些「他人」強加在我們身上的否定、貶低、期待，或是羞辱感與指責。

於是，我們就很可能**陷入兩種標準的拉扯中**，而最後贏的可能是別人的標準；又或者，我們可能不按照別人的標準去做，但心裡卻又隱隱覺得這樣的自己很自私。

這種「無法自我保護」的現象，也會出現在我們情緒重現時，這使得我們**沒有能力安撫**

自己，告訴自己，這些羞恥感並非我應得的，而是會陷入那種被否定、被貶低、被羞辱與不被愛的感受當中。

那並非是因為我們沒有能力，而是因為當我們遭受創傷時，「保護自己」的能力，就在我們為了生存而學會盡可能保護別人的感受中逐漸被侵蝕、剝奪，最後，我們失去了保護自己的能力。

在日後的關係中，更容易深陷在被剝奪、被羞辱、被傷害的關係當中。

◆習慣的羞恥感與罪惡感

當我們被迫忽略自己的情緒經驗，常存心中的，卻是羞辱創傷所留下來的羞恥感與罪惡感。

最常見的情況是：當我們與他人互動時，可能場景類似與父母、或是給予羞辱創傷者的互動方式，於是勾起了我們的創傷經驗。

那些混亂的情緒重現，以及因創傷而內化、存在於我們心中的羞恥與罪惡感，就會像「內傷」一樣，侵蝕著我們的自我與自尊。

這些**「內傷」可能毫無預警地出現，讓我們動彈不得，因而會想要做出一些事情來轉移、**

減低這些內傷帶來的痛苦與無助，而這，其實就是「因應的生存策略」會一直被發展，甚至精緻化的原因。

這個「因應的生存策略」如同盔甲，我們想像它可以保護我們，不受這些內傷侵擾。只是，後來我們會慢慢發現，即使這些生存策略發展再精緻，也無法掩蓋我們內心的羞恥感與罪惡感。

因為根本上，遭遇羞辱創傷的人們，永遠都相信著那些傷害自己的人所說的話，那就是：

- 你是不好的。
- 都是你害的。
- 你會遭遇這一切傷害，都是應該的。
- 你必須依存別人的感受評價過活，否則你就是沒有價值的。

最最傷心的是，有許多人，即使被這樣傷害著，在內心深處中，仍隱隱渴望著這些傷害著他們的人的愛；於是，這個**「渴愛」的感覺被記了下來**，讓這些受傷的人們，在其他的重要關係，甚至所有的人際關係中，都帶著這些無法擺脫的羞恥感與罪惡感，去與他人互動。

◆情緒起伏大、衝動憤怒與焦慮

一旦我們的心時常帶著罪惡感與羞恥感，與他人的關係，也容易勾起過去的創傷經驗。如此，只要與人互動或獨處時，我們都可能時常處在「情緒重現」的狀態，十分難忍。因為這狀況就像是：我們的傷口一再地被揭開，而且是在我們毫無準備的時候。

「過度警覺」的狀態，結合這樣的痛楚，會讓我們的情緒反應時常一下子達到頂點，而我們卻毫無覺察或無能為力。

因為，在羞辱創傷的經驗中，我們已經被剝奪了學會理解自己情緒與安撫自己的能力，而把力氣用在安撫他人。

畢竟，那是我們的生存法則。

所以，我們可能會很容易因為一點小事而焦慮，也可能會因為一點小事而覺得被冒犯，情緒起伏非常大，卻時常無法理解：

「為什麼對別人不是那麼嚴重的事，但我卻會有這樣的感受，情緒起伏那麼大？」

當我們有這樣的想法時，**慣性羞恥與自厭懲罰**，例如「有情緒就有問題、自己不夠好」的羞恥感與罪惡感，又會一湧而上，讓情緒起伏更大……這個過程，就讓我們更陷入自我厭惡的惡性循環中。

而情緒，就在當中起起伏伏，沒有被安撫的機會。

◆難以忍受獨處

遭受羞辱創傷的人，其中有一些人，會難以忍受獨處。

事實上，如果我們被剝奪了自我安撫情緒與自我理解、接納的能力，「獨處」對某些人來說，將是一個相對恐怖的情境。

因為，當我一個人時，那些我想要拋諸腦後、平常用很多方式去逃避的，常常會一湧而上，讓我無處可逃。因此，有些人為了逃避這樣的狀態，施行許多因應的生存策略，填滿自己的時間。

例如：讓自己忙於工作與學習，一停下來就覺得恐慌；

過度努力，焦慮時就覺得要做一些事情，讓自己感覺有進步；

或是逃到酒、購物等物質依賴，甚至是性與關係當中，讓自己可以不必面對這麼可怕的時刻。

獨處，其實就是與自我面對面的時間。如果我無法建立與自我的關係，甚至我吸收了過去傷害我的那些人對我的厭惡感，使得我也認為自己應該被這樣傷害、被討厭的時候——

我是沒有辦法去面對這樣的自己的。

而因應的生存策略，其實就是幫助我們不必去感受那些恐怖的情緒，也不必去面對那個背負著原罪，卻被自我所厭惡著的、真實的自己。

我該怎麼做，可以不再被傷害？

——僵化的防衛機轉與因應的生存策略

當我們受創後，會慢慢發展出自己因應生活、為了適應的生存策略。這個策略主要有幾個目的：

- **幫助我面對難以忍受的狀態。**
- **幫助我隱藏真實的、會被羞辱的自己。**
- **幫助我調節情緒、面對情緒重現時的自我安撫。**

以下談到僵化的防衛機轉與因應的生存策略，有些方法可能兼有以上兩項，甚至三項功能。不過因為這些發展出的方法，仍然有其最主要的功能，所以我們就從主要功能來分類。

僵化的防衛機轉：用於面對難以忍受的狀態

◆失去感覺／情緒隔絕

失去感覺／情緒隔絕是許多遭受羞辱創傷的人們，最常見的一種防衛機轉／生存策略。特別是在重大事件、危機發生時，這些受過創傷的孩子，早已學會「把自己情緒關掉」的按鍵，因此有些時候，這些孩子、大人，反而會展現出極為可靠的樣子——他們**絕對可以「先解決事情，再處理心情」**。

可以把情緒暫時關閉，處理危機，原本也是我們人類的本能之一，是為了因應危險來臨時的一個自動化反應。

但是這些受傷的孩子們，因為時常身處在威脅的環境中，情感與自我不停受傷，於是讓他們學會了關閉情感的能力。但那些被關閉的情感，卻沒有機會被看見而能被照顧、安撫；因此，事情處理完之後，心情，就不知道去了哪裡。

因為，**這些情緒被自動化地壓抑到最深最深的地方，讓人無法覺察，我們就會覺得安全、可控。**

即使這其實是錯覺。

這種**情緒關閉的能力**，有時候會因為「太被肯定」而被加強。例如這些受傷、習慣會情緒隔絕的孩子們，在沒有特別覺察時，長大後，可能會選擇一項不需要耗費太多情緒的專業工作，特別是專業工作能夠幫助使用「逃」策略的人，控制自我、修補自尊、建立「假我」的面具，且脆弱的自己可以藏起來，因此，這類工作更容易被這些孩子們青睞。

問題是，當我們處在時常需要解決問題，或是需要關閉情緒的高壓環境中，「情緒隔絕」這個防衛機轉會更被發展、更加自動化。

或許我們解決問題的能力會更好，但原本已經很貧乏的情感能力，更加被壓制、被忽略，於是對自己的情緒更沒有覺察，而到某一天它爆發時，又更因為害怕而壓抑它。

可是，如果「情緒隔絕」這個能力沒有被覺察，我們就會十分仰賴它，而當想要感受些什麼時，它會比我們的意識更快感受到威脅，然後就**切斷我們對情緒的感知**。

關於「情緒隔絕」的「自動化關閉情緒」功能，可以用一個例子讓大家理解：

在電影《命運好好玩》（Click）中，男主角得到了一個神奇的遙控器。使用這個遙控器，可以讓他避開所有覺得無聊、痛苦、難忍的片刻。

可是，當他得到因為略過這些片刻的好處時，他才發現，他再也沒有辦法去感受這些片刻。

因為遙控器有記憶功能，於是只要遇到類似的場景，包含和妻子衝突的痛苦、等待升官或累積工作成果的焦慮難耐與自我懷疑，甚至是與妻子的親密過程……他都只能略過。

他用「自動導航」模式來面對生活的所有細節，只為了最後目標：得到人生巔峰的名利。

但他發現，當他一直呈現「自動導航」——也就是**情緒隔絕模式**時，他對生活沒有感覺。這些名利即使得到了，對他也沒有意義。

而且，因為**他把情緒關掉了**，他身邊重要的人，沒有人接觸得到他，只能感受到他汲汲營營的、無感情的要求，以及因壓抑情緒而時常出現的焦慮與暴怒。

他變成了一個冷血的人，身邊的人一一離他遠去。

而這，從來不是他想要的結果。

故事的最後，導演很善心地讓觀眾與主角知道：這是一場夢，你還有挽救的可能。

但是，日常生活中，即使我們是因為受傷了，才使用這樣的策略；但過度使用、策略過度自動化與僵化，仍然會傷害自我與他人的關係，有時甚至難以挽回。

我看過很多個案，因為失去了生活的感覺與意義，來諮商室想要找回自己的心與感受。面對這個模式時，雖想要調整，但一開始卻不容易，因為**敵不過它的自動化——畢竟，它努力保護了我們那麼久，很難說調整就調整**。

因此，願意慢慢把心打開，需要勇氣，也需要決心與耐心。

◆說教、笑與打岔、投射、分裂

受到羞辱創傷的孩子會以「否認」做為其中一種防衛機轉，這部分，我們在前文談到「羞辱創傷的症狀」，已有討論過。在這裡所提的「否認」，更是以一種以適應為目的、僵化的生存策略來展現。

最常見的，除了否認這件事情曾經發生，也試圖告訴其他人：「其實對方也有難處」、「我沒有你想像中的難受」等，試圖淡化並忽略自己的情緒感受之外，還有以幾種常見的形式出現：「說教」、「笑」與「打岔」、投射與分裂。

◎說教

「說教」這個形式，可能我們都不陌生。當孩子被羞辱、自我的情緒感受被否定，去理解自己的感受變成是不被允許的事情（當然，也沒有能力做到）的時候，對自己「說教」，就成為一個很方便的手段。

■因為這樣才是對的。
■社會是這樣運轉的。
■這樣才叫孝順。
■吃得苦中苦，方為人上人。
■有磨練，才有進步。
■愛之深，責之切……

這些流傳已久的話語，常會擔任說服這些創傷孩子去接受這種「受辱情況的幫手」。這些「說教的話」，乍聽之下因為耳熟而顯得有道理，但卻經不起深入的反思與辯證。

但是，因為這些話語太過耳熟，甚至連父母、師長與社會的「大人」們，都會用這些話來說服我們，於是，很有可能就囫圇吞棗地被接受了，用以說服自己不要去感受。

不要感受到受傷、不要有感覺，只要守規矩就好。

當我們失去了對自己的理解與感受，我們也就失去了對他人悲憫與同理，於是，遇到別人有類似情形時，我們也會「說教」：用別人說服我、用我接受以安慰自己的傷的那套說法，來說服別人。

代代相傳，我們成為讓彼此的心變得剛硬如鐵的教練。心因此不會痛，但也不復存在了。

◎笑與打岔

除了「說教」之外，還有一種根源於「否認」而被發展出來的防衛機轉：那就是「笑」，甚至「笑著打岔」。

我見過許多人，在談論自己的創傷事件時，總是**帶著笑**的；他們很難停留在自己受傷的感受當中，時常會**用「笑」來解救自己**。

沒錯，「笑」是用來解救自己的：用來幫助孩子抵擋情緒重現，也用來自我安撫，讓孩子覺得自己好像沒那麼悲慘。

「**好像笑了，有些事情就撐得下去了；就可以當作沒事了。**」我曾經聽過這句話。

只是，笑卻也是個陷阱。

我印象很深刻的是：許多受到羞辱創傷的個案，在描述自己的創傷經驗時，眼淚掉了下來，但他們還是笑著。

「好奇怪喔，我一點都不覺得難過，怎麼還是會掉眼淚呢？」

他們笑著、打岔著，想要安撫自己和對面的我，讓我知道他們沒有這麼難受，這個經驗沒有那麼糟糕。

因為，若沒有這麼做，「我擔心自己會忍受不了這個痛楚。我怕我隱忍許久的那些苦痛會傾洩而出，而我會崩潰。」

那是所有忍受著這些創傷的人們，內在最擔心的事情之一。

◇◇◇◇

懷抱著這些不能告訴別人，也不能被自己意識的痛楚，他們就像**走在鋼索上的人**。一不小心，若藏在深處的痛楚包袱一被掀開，他們將會整個被淹沒，再也無法保持平衡，只能墜落。

為了在「生存」的鋼索上活著，他們只能用這些方法，幫助自己轉移注意力、忘記痛楚，也幫助自己活下去。

只是，當我看著他們笑著掉淚，還告訴我一切無所謂時，我更深深感受到，那份無法言說、祕密卻深入骨髓的痛楚。

如果我們連自己的感受都不能夠相信的時候，連自己的痛都不能承認的時候，那這樣的自己，還是自己嗎？

◎投射

當我們開始使用「否認」的防衛機轉，我們想否認的不僅僅是被羞辱的經驗，我們還會**想要否認那個被羞辱、被認為不夠好的自己。**

有些人會把他深深埋藏起來，用許多面具、假我包裝，用關閉情緒隔絕起來，這樣就可以不用看到那個脆弱的自己。

但有些受傷的人們，除了會用這些方法之外，還會用一種方式，讓這個「糟糕的自己」可以暫時不留在自己身上，那就是「投射」。

「投射」的意思，就是我們把部分的自我，丟到別人的身上。那部分可能包含的是：**理想化的自我、被隱藏的特質、不夠好與脆弱的部分、不被社會或周圍的人接納的部分等等**。

舉例而言，有許多人發現自己在選擇伴侶或朋友，可能會選擇與自己性格相反的人：活潑的人可能會找文靜的人，內向的人可能會嚮往外向的人……這些選擇，其實與我們內在也有這樣的兩面性有關，但為了生存、適應環境或是因為某些創傷與恐懼，我們選擇了比較能被接受的樣貌並展現出來，而另一方面的特質，就可能被壓抑。

但當我們遇到能展現出我們所壓抑特質的對象時，帶著某種羨慕與理想化，我們可能會想要靠近這樣的人。

◇◇◇◇

不過，這裡說的投射，比較類似前文提到的「投射性認同」，那就是：我們將自己無法接納自己的部分、覺得羞恥的部分，丟到其他人身上，特別是若其他人有類似這樣的特質，我們會用鞭笞自己、否定自己的方式，去否定、羞辱其他人。

例如：當小明曾經在小時候因體型而被嘲笑，於是小明努力保持自己的體態。但當遇到其他和自己過去一樣體態的人，小明會比其他人更殘忍地嘲笑、羞辱對方。

又比如，明顯反對同性戀的「恐同」男性，後來被發現其實是同性戀，這種例子也不在少數。

這類的例子，其實告訴我們一個道理：**那些因為創傷或各種原因，被我們否認的、不看的，甚至丟出去的自己，最後都會回來找我們**；除非我們把它們認領回去，否則我們一輩子都會被這些過去的幽魂給糾纏。

而這，就是榮格心理學裡談的「陰影」。當我們願意認領，我們就開始了屬於自我的、成長的「個體化」旅程，而這也就是完形心理學所談的「完形」——也就是，我們終將找回完整的自己。

◎分裂：理想化與貶抑

在小時候受虐、受到羞辱創傷的孩子中，內心幾乎必然會出現一種狀況，那就是「分裂」。

「分裂」是一種自我保護的方式，也是一種看世界的方式。

當我們承擔著極為沉重的羞辱創傷、承受著施予羞辱創傷者對我們的投射，當我們感受到自己是不好的、別人傷害我們時，我們仍然會想要掙脫這種無力與受傷的情況。特別是，當傷害我們的人，是我們的重要他人，或是具有權勢者，例如父母、師長等。

如果我們仍須依靠對方的照顧與保護，當他們把他們的「壞」投射到我們身上，或是對我們施予一些虐待與羞辱時，我們會想要「保護」他們的好，以讓自己還能有一塊安全感的淨土。

所以，把這個「壞」分裂出來，幫他們找理由，甚至解釋成「是我不好」，那麼，對方的好就可以被保留下來，那我們還有可以信任的人，有被保護的可能，而可以覺得世界沒這麼糟。

但也有可能，對方的對待，讓我受傷，於是我直接否定他，之後遇到類似的人、類似情況，因為太害怕受傷，我會一直重演一樣的場景。

這就是所謂的**「全有全無」——理想化與貶抑，也就是孩子世界中最常見的：絕對的好人與絕對的壞人**。

於是，在日常生活中，可能會突然很相信、理想化一個人，認為對方是可以解救自己的；卻也可能因為對方的某個勾起自己過往被虐、被羞辱創傷的一個行動，直接被打入「這個人好糟糕」的分類裡，甚至引發對這個人的攻擊。

另外，還有一種情況，如我們前文所說，當孩子的自我認同仍不穩定，卻遭遇到施予羞辱創傷者的「壞」行為時，很多時候，孩子不一定有能力把這個「壞」丟出去、知道可以歸咎在對方身上，而是把這個「壞」吸收進來，變成是「我壞，所以你才會這麼對我」。

於是，孩子也會想把自己分裂成兩個：一個是壞的、要承受這一切的我；一個是努力變好、可以讓自己擺脫這一切的我。

這種「分裂」，幾乎在遭受羞辱創傷的孩子中非常常見，影響他們對自我，還有對世界他人的看法，也改變了他們與自我、他人的關係。

相信完美才會被愛：隱藏真實的、不夠好的自己

◆虛假的自我

當我們需要把自己「分裂」成兩個，我們必然需要發展出「假我」與「面具」[2]，保護那個「糟」的自己，不被人發現，以免再受到傷害或被找麻煩。

事實上，不論是「假我」或是「人格面具」，其實都是「社會化」——為了適應社會角色的一種方式。不過，**對於受過創傷的孩子來說，「假我」不僅僅關乎「適應」，更關乎**

「生存」，尤其是當這些孩子難以接受那個很糟的、真實的自己時，他們會花更多力氣發展出「假我」。

我常使用一個比喻：

就像是覺得真實的自己不夠「大」、不夠「美」，所以發展出可以把自己放大、變得更精緻的立體投影機，後來因為投影機投出來的「假我」，可以得到別人的稱讚與肯定，讓自己感到安全、生存不受威脅，於是，我們花了好多時間去「升級」這個投影機，讓這個「假我」可以愈來愈精緻、愈來愈大、愈來愈好。

但是，那個真實的自己，卻在與自我這樣的疏離中，被藏得更深、離自身更遠，更害怕被發現。

「如果被大家發現我沒有那麼好，那該怎麼辦？」

於是，我們緊緊抓著這個「假我」不放。即使虛假，卻是我們賴以為生的生存面具。

◆過度負責／推卸責任

另外，在「分裂」這個機轉的影響下，也會讓我們出現責任感的兩極——那就是「過度負責」或「推卸責任」，而這兩種現象，都是我們對自我（假我）要求極高的結果。

或許看到這裡，你會有些疑惑：看起來完全相反的兩種狀況，為什麼會同樣都是被「自我要求太高」給影響？

實際上，當我們對自我（假我）要求很高時，就是希望自己在別人面前，表現出來的樣子都是好的。而有些人的表現方式，是讓自己「過度負責」，因為某方面來說，他還是相信自己的能力，可以處理好這些對自我的要求。

另一方面，有些人採取的方法，是「推卸責任」。因為他認為，自己可能會做不到別人的要求，但他又希望這個呈現在別人面前的假我，是「好」的：「希望別人看我，是覺得我是好的，所以，我的內心想把我可能會被別人覺得不好的東西，先全部排除」。於是，展現的樣貌，就變成了「推卸責任」。

在上述「隱藏不夠好的自己」的需求，與「我希望別人看我都是好的」的責任感驅使下，會讓我們展現出幾種常見的「假我」樣貌，以下，舉例簡單說明：

◎親職化小孩／小大人：將他人的情緒與需求放在第一位

前文談到「討好」的防衛機轉時，提到：由於這些孩子為了生存、為了不被否定、不被傷害，會被訓練得把自己的情緒放旁邊或是忽略，而需要隨時注意他人的情緒與需求。因此，帶著這個生存策略，會使得這群小孩長大之後，內心存放的，永遠是他人的情緒與需求。

於是，他們很習慣照顧別人，也很容易承擔他人的情緒、生活或工作責任，並且在身邊的人情緒不好時，懷疑是否是自己做錯了什麼。

在這種情況下，可能會使得他們「很好相處」，但卻會在一次又一次的付出中，感受到自我頻頻被忽略，最後到某個受不了的階段，出現憂鬱、自我懷疑與傷害等情緒。

當然，會使用這個生存策略的孩子，幾乎會下意識「討好」身邊的人，因為「討好」是他們生存必要的條件。

關於既是防衛機轉，也是生存策略的「討好」，我們會在後面再另闢一段說明。

◎自戀（優越）與自卑／冒牌者症候群：脆弱自尊

自戀、自卑、冒牌者症候群……看似在數線兩端的不同症狀，其實都與「脆弱自尊」有關。

所謂的「脆弱自尊」指的是：對於自我看法、自我價值以及自我感覺不良好時，我們的自尊時常會處在「被影響」的情況。可能會因為一個外在表現，或是他人的評價或看法，就使得我們的自尊上上下下。一下子覺得自己很好，一下子又認為自己很差的這種不穩定、脆弱的狀態。

因此，有些人總是需要保持著「自戀與優越感」，時常炫耀或希望得到大量的肯定，也是因為擔心自己內在「不夠好」的部分會被發現，因此，需要保持著「自我感覺良好」的狀態；若遇到會感到自卑、不夠好的狀態，就可能會用攻擊、傷害、否定他人或外在世界的方式，也就是用「對外攻擊、否定」的方式，讓自己可以維持自我感覺良好。

相反地，一樣有著不穩定自尊的另一些人，習慣性會在感覺自卑、自己不夠好的時候「對內挑剔」，所以可能會要求自己更努力、表現更好，希望用「好表現」來掩蓋自己不夠好的內在不要被發現；但是即使做到了，內心仍然覺得自己是不好的，因此會懷疑自己在他人眼中的看法，甚至懷疑自己的能力，覺得自己能做到，是因為夠努力或運氣好。

於是，我們發現：**不論是自戀、自卑、冒牌者現象等，這些其實都是「為了隱藏不好的自己不被發現」的展現**；而「羞辱創傷」原本就會造成我們的自尊不穩定，以及自我感覺不良，因此有許多承擔著羞辱創傷的人們，時常會有「脆弱自尊」的狀態。

而關於脆弱自尊，還有一種常見的狀況，會使得我們「過度努力」，甚至與他人的關係產生一些摩擦，就是：完美主義。

◎完美主義／過度嚴苛挑剔／高標準焦慮：過度努力

若說「完美主義」也是羞辱創傷下的「假我適應症」，可能大家並不意外。很多時候，「完美主義」或「高標準、過度嚴苛」與上述的「自戀」或「冒牌者現象」，時常會並行出現。但與自戀或冒牌者現象，仍然有一些差別。

實際上，「完美主義」是一種：「我不想要讓你用『我不夠好』來傷害我，所以我先把自己要求到無可挑剔、超乎標準，那麼，就沒有人可以用我不夠好來傷害我」。

因此，若有強烈「冒牌者現象」的人，被說不夠好，他們會立刻出現很大的羞恥感；但對於「完美主義」的人來說，如果被說不夠好，會先出現的，時常是憤怒的情緒，因此有可能會攻擊、否定提出者。

那種感覺很像是：「我都已經做成這樣了，你怎麼可以說我不夠好？那一定是你看錯或有問題。」

這種情緒的展現，乍看似乎與「自戀」很像，但較常出現的情況是，在憤怒的情緒過後，自戀的人並不會花太多時間去檢討、反省自己；不過身為「完美主義」的人，在憤怒的情緒之後，卻仍會把整個狀況檢討一次，然後調整自己的標準與做法，讓自己更「無懈可擊」。

也就是說，完美主義者做這一切努力，和「冒牌者現象」最大的不同是：冒牌者現象所做的一切，都是為了藏起不夠好的自己，不要被發現。如果被發現，就會先產生很大的羞恥感（「隱藏不被發現」就是羞恥感最核心的意義）。

但對完美主義者來說，他們所做的一切，都是要讓自己「不要被攻擊」。

當然，相同的，當他們被攻擊時，也會升起「自己不夠好」的羞恥感，但是因為他們所做的一切是為了「避免被傷害」，因此被說不夠好時，先升起的情緒，會是保護他們的「次級情緒」——讓自己不會被傷害的「憤怒情緒」，讓他們可以攻擊回去。

因此憤怒情緒過後，羞恥感才會產生。陷入了這種羞恥與害怕的感覺之後，功能良好的完美主義者，就會想盡辦法做各種調整，讓自己能夠盡量避開這種窘境。

如此，**「過度努力」就成為他們避開這種羞恥感的手段**。當然，他們如此地高標準，在遇見和自己標準不同的人時，也許會勾起他們內心的焦慮。

他們會在對方的身上看到自己想隱藏起來、自我否定的「不夠好」的部分，因此，可能會想辦法去調整、挑剔這些人，也會在這些人做不到時產生憤怒的情緒，以此讓自己不會被內心最害怕的羞恥感給攫住。

而有強烈「冒牌者現象」的人，基本上來說，不太會想要去調整別人。主要的注意力，時常是放在「自己有沒有被別人發現不夠好」的狀態裡。

當「討好」成為一個生存策略

「討好」除了是防衛機轉外，也是一種常見用於適應人際關係的生存策略。

因為是生存策略，所以雖然「討好」具有看似「在意他人感受與需求」的舉動，但事實上，以「討好」做為生存策略的人，時常會困於兩種矛盾的狀況裡：

◆把注意力都放在別人身上的「自我中心」：

許多以「討好」做為生存策略的人，會十分在意他人的一舉一動，猜測自己該如何去做，才能「讓別人開心」。

但由於做這件事的目的是「為了生存」，也就是用來「讓自己變得安全、不被傷害」的方法之一，所以，**看似以他人感受為主的「討好」，其實有時相當自我中心**——因為這個討好的目的，並非真的是想要照顧他人的感受與需求，而是在過去的經驗中學到，為了避免被傷害、被羞辱的「適應生存策略」。

因此，這個行為目的是為了「保護自己」，不過，是用「先把別人安撫好」的方式來做。

因此，在執行「討好」這個生存策略時，討好者只會感覺到焦慮、不安、安撫成功的暫時鬆一口氣；或是，必須不停安撫別人的疲倦，卻**無法真正享受對別人施予愛、關心的自我賦能感與自我滿足感**。

因為，「做這件事並非出自於我的本心，我只是為了生存而做」。當沒有意識到這件事時，我們就不會發現：我們的力量並非為了服務自己，而是用來服務別人；也當然無法感受到愛別人、關心別人的自我滿足與幸福感。

◆愈因為討好而被接受，愈會自卑與自我厭惡

「討好」策略非常強的人，可能會是一個非常懂得照顧別人、考慮別人需求、很會閱讀空氣、看臉色且不容易與人衝突的人。

這樣的人，應該大部分的人都會喜歡吧？不過，問題是，有許多使用討好做為生存策略的人，會因為自己這樣「可以被別人接納」，而更相信「表現、表達自己」是一定不會被接受與被喜歡的。

矛盾的是，當愈使用這樣的策略，會留在我們身邊的人，多半是喜歡我們這樣表現，甚至受惠於此的人。

我們苦於無法表現出真實樣貌，讓他們看見。對於隱藏真實自己而感到羞恥，但卻又不敢表現出自己真實的樣貌。

因為，我們想著：「真正的我，一定不會被接受，還會被攻擊。」

這就是我們過去的經驗，而我們又強化了這個生存策略，發揮到淋漓盡至，卻反而可能吸引更多容易侵犯他人界限、要求別人來滿足自我需求的人在我們身邊，使得我們**重演著過往童年的經驗**，也更加深了我們對世界的失望與自身的創傷。

這真的是非常的辛苦，卻也是我在實務經驗中時常看到的情況。

「習慣照顧別人」與「討好」，到底該如何分辨？

讀到這裡，或許你會有這樣的疑問：

「我覺得我好像會習慣性照顧別人，但我不知道這是出自於我本身的性格，還是我的生存策略？」

實際上，的確有些人的個性是比較擅長注意到別人的需求，並且照顧他人，但做到這些，並不會造成他的壓力，這樣的人，多半也不會沒有界限，或是常因他人的情緒而焦慮。

最大的差別是，當性格習慣照顧人者做這樣的事時，是出自於對該人的愛與給予。在那個當下，**他是給予他多餘的部分，而非是整個自己**。在保有自己的狀態下，他的給予並沒有期待對方一定要這樣回報。因為，他會這麼做，是源自於他的性格，他的「好與照顧」，並非是一種討愛的手段。

而當我們把「討好」當成一個防衛機轉，甚至是因應生存策略時，我們就會發現，**看似以他人為主的討好，其實是混雜著強烈的自我意識、焦慮與恐懼情緒的一種生存反應**。

比如，當我們將注意力專注在別人的需求與感受上，戰戰兢兢地以此方法維持我們與他人的關係、不起衝突。但若對方沒有考慮到我們的需求，或是不夠注意、重視我們，我們的內心就會升起一種難忍的失落感，忍不住怪罪自己或他人：「是我做得不夠多嗎？還是我沒價值？」或是：「他怎麼可以這麼自私？只考慮到他自己。」

也有可能，「討好」是一種讓我們與他人維持距離的方式。當人際關係中，因為我們的討好，使得有些人誤以為「你做這些是因為愛我，想跟我有深入發展的關係」，而開始想要跟我們深入交往、交心時，使用「討好」做為生存策略的人，多半會十分焦慮、恐懼，甚至明顯拒絕、逃開。因為，會讓他們想要採取「討好」策略的人，多半是讓他們感受到威脅感、不想與之為敵，卻也不想太靠近的人，而「討好」策略會讓對方覺得「和你相處很舒服」，因而希望進一步連結，例如成為好友、伴侶關係、合作夥伴等等，這就會讓使用討好策略做為「維持安全距離」的人，覺得害怕、恐懼且想逃跑。因為受過羞辱創傷的人們，對於情感連結與他人的信任感上，有著相當大的困難；對他們來說，世界是危險的，而他人是不值得信任的。

如果結合依附理論，將「討好」這個策略放進來，在面對危險、情緒重現的壓力底下時，我們就會發現兩種常見的狀況：

討好—焦慮依附者：雖然我不相信你，但我還是想試著相信，藉由我的討好，可以增加我們之間的感情與關係連結。

討好—逃避依附者：我不相信你，我的討好常常是為了減少衝突與保護我自己。會有這兩個不同的展現情況。

不過，以上所談的是在相當大的壓力底下（情緒重現）的狀態。若為平常的狀況，即使是曾遭受創傷的不安全依附者，仍能因為愛與在乎對方的心情，關心與照顧對方的感受，而並非只是討好。

上癮行為：用以代替情緒調節、自我撫慰與連結

受過羞辱創傷的孩子，可能沒有太多被安撫、被肯定的經驗，且因外在環境時常讓孩子處在驚嚇或受傷的狀態，使得孩子的情緒調節功能——也就是**自我照顧情緒的功能**沒有被

建立起來，甚至可能被破壞，或是只能用盡全力去調節、安撫他人的情緒，以致自我情緒調節的功能無法發展。

換句話說，當我們的情緒起伏很大時，如果有良好的自我情緒調節功能，我們會回頭來自我安撫、調整自己的心情；但有創傷的孩子時常做不到這件事，因為在他們過去的經驗裡，自己的情緒是不重要的，安撫他人的情緒才能讓自己安全；又或者，他們沒有學過安撫自己的情緒，所以會用其他的防衛機轉處理。

問題是，沒有被安撫的情緒仍然存在，需要找個出口被處理、被安撫，而所有的上癮行為，例如暴食、購物、網路、藥酒癮等，就是最容易取得，也是讓自己可以暫時脫離「情緒重現」的風暴，不用去面對那些痛苦情緒的最快方式。

因此，上癮行為的存在其實是有意義的，它滿足了以下這些需求：

■ **情緒調節**：用以調節痛苦的「情緒重現」。

■ **代替連結與自我撫慰**：安撫不良的自我形象所升起的挫折感與羞愧感等，也用以滿足情感匱乏的飢餓感。

■ **自我保護**：麻痺情緒。

當然，它並不是一個好的、可以替代來做為情緒調節的手段，因為它對身心的傷害度很高。但是，對於受過羞辱創傷的人們來說，自我的身體或情感被傷害，是一件司空見慣的事情，因此，如果這個手段可以讓自己**逃避掉那些痛苦的情緒與自我感知**，對他們來說，使用這些成癮行為來安撫自己，可能會覺得「其實也沒什麼」，或是覺得自己沒有太多選擇只好使用。

只不過，對出現上癮行為的人來說，自然知道這些上癮行為可能「不容於社會」，所以會隱藏。

矛盾的是，這些受創的人們，是使用這些物質來逃避「情緒重現」那些難以消化的憤怒、憂傷、罪惡與羞恥感等，卻又因為**「上癮行為」與必須隱藏這些行為而出現更多的罪惡感、憤怒、憂傷與羞恥感等；然後又因為出現這些情緒，而必須更依賴這些物質**。

因此，「情緒重現—上癮行為—更嚴重的情緒重現—更嚴重的上癮行為」……上癮行為變得更加嚴重，成為一個極難打破的惡性循環。

工作狂

實際上，「工作狂」是另一種耗損身心的上癮行為。但這種「上癮」有時卻難以辨識，甚至比其他的上癮行為都還要被肯定、被允許，甚至更容易有效地滿足情緒撫慰與暫時逃避以調節的需求，因此，更容易被保留下來。

因為，**成為一個工作狂，是會被肯定的；而花時間在工作上，是可以得到一定的成果**。

這個成果就像是肯定與撫慰一般，讓我們的大腦出現類似「腦內啡」等，能正向犒賞、激勵我們繼續的化學物質，而這也是所有上癮行為能一直持續被使用的最大原因之一。

而其他上癮行為會出現的負面結果，例如必須隱藏、使用後會有罪惡感或羞恥感等，在使用「工作」做為撫慰的「工作狂」中，是比較不會出現的。

因為，大部分的人，都肯定工作努力的人，對吧？

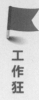

只是，若我們使用這樣的方法來逃避自己的情緒與人際關係問題，當然會出現更多的問題。而其結果，與其他的物質上癮使用者沒有太大差別，那就是：

生活中只剩下這個行為，可以讓自己稍微「有感覺」，但卻不曉得什麼是快樂、生活的意義是什麼。
最後變成，會有這樣的上癮行為，**只是為了活下去而已**。
這是非常悲傷的一件事。

讀到這裡，或許你也發現了：

上癮行為並非只要「戒癮」這麼簡單。它的出現，帶有因為「情緒難以處理與安撫」以及「與社會他人失去連結、失去支持或被排斥」的特性，這兩個因素會使得這個行為出現、持續存在，甚至被加強。因此，單純地要求曾受創的上癮者戒癮，幾乎是無效的。就有如電影《遇見街貓BOB》的情節一樣。對於受創的上癮者最大的幫助，是關心、支持與接納，並且協助他們審視自己的生活狀態，是否沒有其他的社會支持，使得不得不選擇遁入這樣的上癮行為循環中？

2 「假我」是由溫尼・考特提出。「人格面具」則是榮格心理學的概念。

覺得這個世界／他人很危險——對世界的負面看法

經歷過羞辱創傷的孩子，曾感受到許多外在環境的不友善，甚至傷害，因此也容易形成「對世界的負面看法」。

以下，分享幾種「對世界的負面看法」可能的影響與呈現形式：

容易攻擊別人／自覺被攻擊

當我們對於世界抱持著負面看法、覺得他人很危險時，我們會一直保持著警戒的狀態，

因此容易放大一些訊息，使得我們可能會在人際關係中，容易攻擊別人或感覺到被攻擊。

在這種情況之下，情緒就較會上上下下，而特別會出現憤怒、憂鬱，或是覺得羞恥的感受（也就是容易經歷情緒重現）。因此，這些情緒讓我們會對於別人的表現更過度敏感，也更容易使用各種防衛機轉來保護自己，例如逃避、討好或是憤怒等。

因為，感受到這些情緒，實在太可怕了。

但可能因為這樣，時常覺得需要提防別人、過於謹慎，或是被說「玻璃心」這類的標籤與否定，使得我們更覺得這個環境不友善，自己的警覺與焦慮度也會因而更高。

但實際上，受創傷的孩子，原本就會對環境的警覺度更高，也較容易在與他們的互動中感到疼痛與受挫。

請大家可以想像一下：受創傷的孩子長成大人，就像是小時候受的傷都沒有被包紮，讓它一直坦露在外，我們卻不清楚它其實存在；而我們的傷一直沒有修復，甚至沒有包紮，在與他人的互動中，不免一定會有接觸，甚至摩擦。

如果是沒有傷，這些接觸不會產生太大的影響；但若有傷，又沒有包紮，這些接觸就會讓我們覺得敏感、疼痛，甚至可能連有人走過去、出現空氣的流動，都會刺痛傷口，而我們就可能誤以為，我們的痛，是對方的錯。

因此，不是我們「玻璃心」、「太敏感」，而是要怎麼正視傷口，開始發現、治療與包絜，才是最重要的。

不想跟世界產生關係

當我們覺得世界如此危險、他人如此不可信任，可能會失去與世界連結的熱情，當然也沒有「安心感」可以表露真正的自己。這時候，我們可能會使用逃避、隔絕感覺、戴上面具的方式去因應世界。

有些人因而自絕於社會之外，無法出門，或者能夠維持生活的基本功能，例如上學、工作，但卻不與其他人產生任何的互動與連結。只是像機器一樣，每天做一樣的事情，讓自己沒有感覺地生活著。

沒有同理心

在這種情況下，很可能會出現一個常見的狀況，那就是「沒有同理心」。

「同理心」是維持我們與他人互動，能夠正確解讀人際線索的一個非常重要的能力。

當我們失去對自己生活的感覺，甚至忍受著這樣的生活，只為了讓自己不要去感受到痛苦，但卻忍不住內心的隱隱作痛時，我們的「忍耐」，很多時候會成為我們對他人「失去同理心」的關鍵。

因為：**當我都對自己沒有同理心了，我要怎麼去同理別人？**

當我自己都在忍耐這樣的痛苦時，讓自己沒有感覺，也沒有選擇地執行看似「對的事情」時，我要怎麼去理解他人的痛苦？尤其是沒辦法像我這樣做到的人？

特別是，當社會肯定著「忍耐」、「吃苦」是美德時，受過羞辱創傷的人們，更容易會努力達到他人或社會的期待與標準。因此，可能會對那些說出痛苦而無法忍耐的人嗤之以鼻，因為「我是這樣忍耐地過著啊」！

也就是說，「我」對他人的殘忍，其實也就反映出「我」對自己的殘忍。

而**這種「需要忽略自己痛楚、繼續忍耐」的習慣，就會在這樣的循環下，大家互相監督、互相要求地被保留了下來**。

於是，為了要別人「應該做到」或「忍耐痛楚」的「沒有同理心」，就成為我們的文化特色之一。

而這些痛楚不被理解與接納，我們也在其中持續受著更多的傷。

這世界有可以相信的人嗎？有人會愛我而不傷害我嗎？——對關係的不安全感

經歷過羞辱創傷的孩子，有許多這類的經驗，是與父母、老師、同儕等互動而成。對孩子來說，與父母的關係是自己**第一個人際經驗**，父母也幾乎成為孩子的全部。當我們期待可以照顧、愛我們的人，成為會羞辱、傷害我們的人時，孩子幾乎不可避免地，會出現不安全的依附模式，也必然會產生不安全感。

因為對於孩子來說，這樣的關係是複雜，也是難以辨識的：**我應該要親近父母，但他會傷害我；我應該要相信他，但我卻覺得痛**。

這種感覺的混亂，會使得孩子先為了求生存而去判斷與父母的距離、界限的遠近。有些孩子必須靠「討好」來拉近、獲取內心暫時的安全感；有些孩子會靠情緒隔絕、離遠一點來拉遠，以讓自己不被傷害而能夠安全。

特別是，當孩子感受到「父母其實並不可靠，並不能保護我與照顧我，還可能會傷害我」時，這種不安全感會升起，孩子就會想辦法找到讓自己心裡感覺好一點的方式。

而求學經驗時遇見的教師與同儕，對於孩子來說，是在學校的另一個可以依靠與信任的對象。

但當自己無法在其中獲得被接納、被支持，卻頻頻被羞辱、否定與傷害時，偏偏這些對象又是孩子在當時不一定能得罪的對象，那種無力與無助，沒辦法保護自己的感覺，很容易會讓孩子升起很深的羞恥感與不安全感。

我害怕站在自己這一邊／怕欠別人

我見過許多帶著這樣心情長大的孩子。他們幾乎很難相信在人際上，自己是會被接納或被愛的。

他們會用很多方式，不與人起衝突。有一些人會讓自己與他人看似很好，但其實很疏離；有一些人則是會讓自己很有用，讓自己可以幫很多人的忙，藉此建立關係。

不過前面談到，在羞辱創傷的經驗裡，時常是「應該保護我、接納我的人，成為傷害我的人」，因此，對於這些孩子來說，**幾乎沒有「保護自己」的能力**，因為在過往經驗中，自己並不被允許可以保護、理解自己的權益受損，反而是一直要去為他人的感受、需求著想。

因此，當他們長大之後，除了防衛機轉與生存策略之外，許多人幾乎沒有能保護自己的方法。

他們很努力、很有用，有時候也願意幫別人做很多事、照顧別人。但是，遇到自身利益與他人利益相悖，或是界限被侵犯、權益受損，甚至是被否定、羞辱的情景再現時，**他們會害怕站在自己這一邊**。

他們會懷疑自己的感覺是錯的，不可以為了保護自己而傷害與他人的關係，或是說出自己的不舒服，可能就會造成衝突。

對於人際間衝突的耐受度很低、**認為說出自己的感受，很可能會起衝突或關係斷裂……這其實都是過去創傷留下的經驗所造成的**。

但當他們選擇忍耐或站在別人那一邊，就更可能再度重演自己童年的經驗。

也加深了他們對於他人的不信任與不安全感。

◇◇◇◇

另外，我也觀察到，有這種害怕的人，很容易合併有另一種習慣，那就是：**很害怕欠別人**。

寧願自己付出較多、讓自己吃虧，也不要欠別人，以免讓自己內心有罪惡感或負疚感。

當然，會有這樣習慣的人，要他們為了自己的權益挺身而出或據理力爭，是一件多麼難的事情。有時候，甚至會難以接受他人的照顧。一旦被照顧了，就會手足無措，特別當對方「無所求」時，自己更是會懷疑、無法接受這樣的狀況。

因為，「照顧我，而有所求」是他們常見的經驗。這種經驗**可控**，而且他們知道可以如何因應；但是**「照顧我，卻無所求」的經驗，其實就是他們很缺乏，也曾經期待過的「愛」**。但對於在愛中如此貧乏的人來說，會害怕著接受這樣的愛。

因為「當我接受了，我就可能會被控制；如果沒有了，我就會更傷心」。

於是，「既想要又不敢接受、不願相信的心情」，這樣的拉扯與矛盾，就在他們的心中時常上演著。

這種「害怕站在自己這一邊」與「怕欠別人」的人際習慣，幾乎是我觀察到有這類羞辱創傷的大人們一種常見的現象。

當然，考慮到文化性，必須要「在乎他人感受」、「要把自己照顧好，不可以麻煩別人」這樣的文化，也會強化這樣的習慣。不過，對於把這個準則僅是當成一個「習慣」的人，真沒做到時，不會勾起太多的情緒，而且多半只是將其當成一個行為準則，但會是看情況可調整、有彈性的規則。

但是，對於因為過往的創傷而形成這種習慣的人們，在要向人求助，或是覺得自己被別人幫助、「欠別人」時，內心會出現許多情緒，甚至更深層的羞恥感與罪惡感等都會跑出來。

這些情緒會造成他們內心的焦慮，因此會趕快做一些事情，讓自己不再焦慮，以安撫自己那些重現的情緒。

這些方法多半就是趕快回報，或是盡量避免自己向他人求助。

而他人想要給予的愛，也難以進入他們的心裡被留下來。

於是，他們的身邊即使圍繞著很多人，內心，時常仍是一片荒蕪。

害怕被拒絕

另外，「害怕被拒絕」也是一種常見的人際模式。為了因應這種「害怕被拒絕」的感受，多半會有兩種因應模式：「只靠自己，不向別人求助」與「提出要求後，你一定要答應」兩種情況。

這兩種情況，基本上來說都是**對於「拒絕」的難以消化**。因為對於他們來說，提出要求不是一件輕鬆自在的事，而是會出現結合「麻煩別人」與「自己無能」的想法，而這兩個想法時常結合著隱隱抽動的情緒，就是羞恥感。

但若他們提出的要求被答應了，他們會覺得自己是「被接納」的。那種「麻煩別人」的無能感與羞恥感變淡了，也可能會成為他們對人稍微信任的基石。

可是若對方拒絕了，排山倒海的失望與羞恥感會淹沒他們。**他們會覺得，「你會拒絕我，是因為我不重要，或你不在乎我」，而這會勾起他們內心最深的創傷與自我否定**。

因此，屬於內求派、「只靠自己」的人會決定：「以後再也不要跟別人提需求，以免再遭遇到這種羞辱。」屬於外求的「提出需求，你一定要答應」派，會將這些挫折、失望與羞恥的情緒一股腦丟到對方身上。他們會出現很大的憤怒、攻擊或是類似情緒勒索的行動。

而這一切，其實都出自一個同樣的需求：「你拒絕我，是不是因為我不夠好？我做『提出要求』這件事，是不是很羞恥？」

因為，過往的創傷經驗讓他們覺得：「對方的反應，全都根源於我」。因此，他們多半不會想到，**「對方會拒絕我，可能是因為他們有困難，而不是跟我有關係」**。

因為，被拒絕而產生的羞恥感實在太強，因此對他們來說，所採取因應的手段，例如「不要靠別人」與「別人一定要答應」的適應模式，很可能會極為僵化、毫無彈性，而造成人際上的困難。

靠羞辱別人來抬升自己

經歷過羞辱創傷長大的小孩，幾乎都有一種共同經驗：「表達、表現自己是會受傷／受辱的。」不管是說出自己的感受或想法，都很有可能被否定、被傷害。因此，有些人長大之後，會變得較不願意說自己的感受與想法。

也有一些人，會在長大的過程中拚命提升自己。在提升時，會對這個提升的「假我」形成很大的認同。但原本內在的那個自我，仍是沒有安全感，也沒有自信的，而這個內在自我，亟需被肯定與被看見。

但是，當他們過去經驗到：「說出自己，其實是有些危險而不安全」的時候，他們會下意識地模仿那種過去說出自己而被羞辱、貶低的經驗，用相同的方法去對待別人。

也就是說，當他們要說出自己的感受與想法時，需要**靠貶低與他不同的人的想法與感受，來抬升自己**，顯示他們說的東西是對的。

因為在他們的經驗裡，說出自己的想法或感受如果沒有馬上獲得認同，這種「不被認同」的感受，立刻會勾起很大的羞恥感與否定感，那是在童年經驗中很可怕的感受。

因為可能在過去的經驗中，這種「不被認同」的狀況一出現，伴隨而來的就是被攻擊傷害、被羞辱與被否定。

於是，長大之後，當提出意見沒有馬上「被認同」時，內心的不安全感陡然升起，會引發對自我的懷疑、焦慮，甚至羞恥感，這也是一種「情緒重現」。

這感覺是非常可怕的，甚至可能在他們的人生中，窮其一生想要逃離的，正是這種感覺。

因此，**「在別人否定我之前，我先否定別人，也藉此顯示出我的優越」，就成為他們的「焦慮因應」，也就是自我保護的策略之一**。這也就是為什麼，他們會在提出自己的想法時，必然要去否定、貶低、羞辱其他人的看法與感受。

◇◇◇◇

讀到這裡，可能會有些人覺得：「這些人好壞！這樣做是錯的！」或是，如果你出現了如我描述的狀況，會因而覺得羞恥，甚至憤怒。

不過，我懇請大家，當我描述這個現象時，**請先放下對錯的判斷，而是去思考：「這件事是怎麼發生的。」**

我一直認為，所有的行為出現，都是我們當時生活的「最佳解」，因此所有的行為，若非模仿而來（且當時覺得這個行為是有效的），要不就是為了生存而演變、保存下來。

如果能夠知曉自己出現這樣的行為是為了滿足什麼，或是有何目的，我們才有機會可以有更多的選擇。

伍

我不喜歡我自己：從羞辱創傷到自我厭惡，怎麼發生？

——關係中羞辱創傷的影響

「做自己」最困難的是：
當我們不清楚自己的樣貌時，
我們需要開始去找回自己的感受、需求，去摸索自己真正的樣子，
然後慢慢地、讓自己有勇氣表達出來。

做自己，為什麼那麼難？

這幾年，在乎他人感受與眼光的台灣社會，開始重新思考「自我感受」與「做自己」的重要性。但在「做自己」時，也會出現不同意見。

有些人的「做自己」，可能會被視為任性、具有傷害性的；

有些人的「做自己」，卻十分艱難，根本不知道從何下手。

當然，對於很少「做自己」，總是以他人感受與標準為主的人們，「做自己」是一項很難的功課。因為我們必須先有辦法了解自己，才知道要怎麼與這個世界互動，還有怎麼保護、展現自己。

也就是說，「做自己」的重點，不僅僅是「自己」，而是有兩個很重要的關鍵：

■ 我想要怎麼表現自己？

■ 我想要怎麼和世界建立關係？

我當然能很任性、不在乎他人感受地去表現自己，並用這種方式與世界建立關係；我當然也**可以表現自我的意願，但是尊重他人的選擇**。

我認為，**「做自己」之所以這麼難，跟我們很少有機會摸索自己的感受與需求有關**。特別是很多受過羞辱創傷的人們，對於他人的情感、標準等很清楚（說不定連巷口的阿嬤是怎麼想的都知道），但相對的，對於自己的感受、情緒與標準，其實是很模糊的。連帶著，自己的樣貌也變得不清楚。

當我們是以一種「不清楚自己的樣子」去探索在世界的位置時，如果想要「做自己」，有著羞辱創傷的人們，最有可能出現兩種樣貌：

一、覺得我就是我，我怎麼做、怎麼表現都可以。你們應該要來配合我、接納我的「全能嬰兒」的任性狀態。一旦自己的欲望、需求沒有被滿足，立刻情緒上來、非常激烈反應，甚至會因而怪罪他人。

二、因為對於自己的樣貌並不清楚，因此小心翼翼地與世界、周圍的人互動，想從他人的反應中，摸索出自己「適合的樣子」，讓自己可以安全的待在這個世界裡，有個小小的位置。

這兩種樣子，看似落差很大，但卻都是「做自己」的摸索過程。因為「做自己」最困難的是：

當我們不清楚自己的樣貌時，需要開始去找回自己的感受、需求，去摸索自己真正的樣子，然後慢慢地、讓自己有勇氣表達出來。

這個自己，有可能不會被每個人接受，但是，這就是我想要用以活在這個世界、和他人產生關係的樣貌。

當我們可以接受這個樣貌的自己時，他人的接受與否，我們就比較有機會尊重對方、不被影響；但相對的，若我們對於這個「自己」沒有把握，甚至不太能接受時，我們就會對他人的反應十分敏感，而這個「他人反應」的刺激，又會促使我們出現兩種最常見的表現：「我不管你，你就是要來滿足我或接納我」，或是「我要看看這個自己會不會影響到別人，會的話，就收起來」。

這兩種反應，正是我們在小時候面對這個世界、探索自我時，最容易出現的兩種狀況。而我們會從他人的反應中，開始慢慢調整對自我的看法，以及與這個世界互動的關係。

這就是我們學習「建立自我」——也就是「做自己」的過程。

對許多小時候被心理控制、受過羞辱創傷的孩子，由於曾經被剝奪了這樣的機會，他們沒有辦法經歷這樣的過程，於是即使長成大人了，自我還是小小的，沒有長大過。

這樣的「做自己」，在還沒有了解自己真正的樣貌，以及自己想要成為的樣子時，很容易就如孩子般的呈現，有時對於關係、互動與自我，甚至會具有爆炸性或傷害性。

「做自己被懲罰」的情緒重現

如此，探索自我真正的樣貌、想如何與他人互動，其實才是「做自己」最重要的關鍵，而這個探索的最重要依據，就是在兩個重點上：

■ **自己的感受；**

■ **自己的感受如何表達出來，讓別人知道。**

但這兩件事，對於受過羞辱創傷的孩子來說，是最為困難的；因為在他們過往的經驗中，自己的感受是會被無視、表達自己是會被懲罰的，而懲罰中，最嚴重的就是「羞辱」。不論這個羞辱的形式是責罵、情感撤回的忽略，或是拳打腳踢，**基本上來說，都是對於孩子自我價值的否定**。

面對這樣的懲罰，孩子會對「表達自己」這件事覺得危險、感到害怕，也會從過往經驗中覺得：自己的表達不見得可以被接受、被理解，甚至還會被懲罰、被攻擊，因此「做自己」這件事，就變成一件困難的事。

◇◇◇◇

長大之後，最常見的，就是繼續以他人的感受與需求為依歸，但是也會出現如前所說，因為過往未曾在父母身上，感受過被無條件愛著、照顧著的「全能嬰兒」的狀態。長大之後，不再受到箝制時，就會想要在其他人身上，滿足自己這部分的需求，卻誤認成這是「做自己」，其實是很大的誤會。

因為，嬰兒身上所有的，最重要的是「活下去的欲望」，而身為長大的人，不只有這個部分，還會有想愛人、關心別人、與他人建立關係，甚至自我實現的部分。

在來不及感受時，隨意地把自己的情緒表現出來、說出自己的需求，就覺得別人要配合，不配合就是拒絕我或不愛我……這僅僅是嬰兒般的欲望，和「做自己」還是有一些落差的。

不過，若你曾在「表達自己」時被懲罰，而沒有機會探索自己的樣貌，很有可能在剛踏上這條路上時，會先經歷過前述的狀況。那都沒有關係，只要我們不要停在這裡，能夠繼續摸索、了解自己的情緒與感受樣貌，我們就有機會可以選擇自己要與他人互動的樣子，就可以慢慢的往前走。

「了解自己的感受」與「讓自己彈性、有選擇」，就是「建立自我」，也就是「做自己」很重要的指南針。

避免強化「內在的負面標籤」

不過，要「建立自我」這件事，對於受創過的我們來說，有時並不容易。這與我們在過往的創傷中，容易形成**負面的自我認同**，會使得我們對自己有一些負面的看法、影響與他人的互動與關係，形成內在會有一種「自我應驗預言[1]」。

這個負面的預言——也就是我們極力想避開，卻又覺得自己一定會被如此認為的部分，有時會因我們的行動，讓這個「預言」更容易發生，反而使得我們繼續強化內心形成的「標籤」。

例如：我覺得我就是會「被遺棄」，大家都不會喜歡我。於是，我因為害怕受傷，就減少跟他人的互動。別人找我，我也都拒絕，最後我必然會孤獨。然後我就想著：「啊，終究我就是會一個人孤零零的。做什麼，都沒有用。」

而這個「內在的負面標籤」，也有可能是別人貼上去的，但受創傷的我們，在與他人互動的過程中，自己僵化的防衛機轉、生存策略等，很可能更強化這個標籤。

而這個強化的「內在負面標籤」，一旦成為我們生命腳本的主要情節，我們就會在與他人的互動關係中，不停重複這樣的情節與腳本，這就是所謂的**「強制性重複」：我們重複地和不同的人、在不同的場景下，演出同樣的創傷劇本**。

因此，「內在負面標籤」對我們的影響重大。以下，說明幾種羞辱創傷常見的內在負面標籤，以及這些負面標籤對我們「人生腳本」的影響。

1自我應驗預言（Self-fulfilling prophecy）是指：我預測這件事會發生，而它真的發生了。但它發生的原因，與我下意識地做了一些事，讓事情最後真的往這個部分發展有關。

因為羞辱創傷形成的內在負面標籤

▲我是不被愛的、被拋棄的

「小時候，媽媽會突然衝進房間，把我毒打一頓。她跟我說，就是因為我，她才會那麼歹命。雖然外婆會阻止她，但沒什麼用。她覺得奶奶討厭她、讓爸爸跟她離婚，是因為她沒有生下男孩，所以是我的錯。

「不只一次，她對我說：『你沒有出生就好了。』那時候的我雖然很小，但我感受到她的情緒，讓我非常害怕。

「長大之後，我才知道，原來這就是恨。我的媽媽，是恨我的。」

「常聽媽媽對我說，生我有多辛苦、養我有多麻煩。她會說因為我，她現在身體哪裡不好，而懷我時，又因為我而出現什麼痛苦的狀況，然後再說到我有多難帶、多不聽話、多不感激她。每年的生日，她都會提醒我：『這不是什麼值得慶祝的日子，你沒什麼好高興的，你應該對我抱著感恩的心，因為我的辛苦，你才會被生下來。這是母難日，不是你的生日。』

「每年聽她這麼說，我總覺得很不舒服，後來習慣了、沒感覺了。但是，現在只要聽到別人提到『母難日』三個字，我就會一把無名火上來……」

◇◇◇◇

許多遭受羞辱創傷的人們，在與他人（特別是父母）的互動中，感受到自己不被喜歡、不被愛。有許多人跟我分享，他們甚至有那種父母隱約、或直接傳達出「你不該出生」、「你出生是對不起我」的經驗。

他們的父母，可能也存在各自的創傷與自卑，於是很多時候，父母的羞辱創傷或自卑感等……那些「我不被喜歡」的心，投射到孩子身上時，可能會出現言語的羞辱、行為上的虐待或是關係上的疏遠。

這些表現有時隱微，但卻時常會出現在彼此的關係互動中。對孩子來說，被這樣對待之後，那種「我是不被愛的」感受，就會成為他人生的一種「主旋律」，一種他對自己的看法，存在他內心的負面標籤。

◇◇◇◇

在電影《隱形守護者》裡，有一段情節：女主角的母親特別不喜歡身為老二的女主角，母親對她做出許多感情上與行為上的虐待，而父親對女主角的心疼，更引起母親的嫉妒與攻擊，母親甚至對她做出致死的行為……最後父親將女主角送走。女主角雖然有機會逃離這個家、逃離母親，但卻帶著這個傷口，沒辦法癒合。

她不知道怎麼讓姊姊與妹妹曉得，自己和母親的互動經驗是和她們不一樣的：當姊姊與妹妹走近母親時，母親是歡快而開心的，但若自己走近，母親卻立刻顯得煩躁，甚至憤怒與厭惡。

母親希望女主角看起來醜又奇怪、剝奪她擁有的資源，不認為她配得上，甚至恨著她……這種「我不被喜歡，甚至被厭惡」的感覺，讓女主角保護起自己的心，難以跟別人分享自己的內心世界，也害怕與人建立關係。

這種「我的父母不愛我」的感覺，有時難以言喻，但卻會深深地刻進孩子心裡。

因為**孩子多半一開始都是用父母的眼看自己的**，因此，他們會從父母的對待中，知道自己是值得被愛的，還是不值得存在的。

當然，這種「我不被喜歡、不被愛」的感覺，也有可能在學校、同儕間出現，因為遭受霸凌等經驗，也會累積這種感覺。

不過，如果有家庭愛的支持，霸凌等創傷經驗，較有機會被說出、被理解與被療癒時，影響就不會如家庭中的羞辱創傷來得深遠。

就是因為父母如此的重要，對孩子的影響，才會如此的大。

◇◇◇◇

這個「我是不被愛、會被拋棄」的感覺，成為一個人生命腳本的主要情節時，會化成一種**對愛的「不安」**，使得他們在與他人建立關係時，難以信任別人的愛，並時常帶著焦慮與恐懼。

因為不相信自己是值得被愛、是有價值的，內心對愛的渴望與匱乏，使得這個內心的創傷缺口如黑洞般，怎麼都填不滿。

例如，即使踏入一段對方十分重視自己、愛自己的關係中，也會不停擔心、焦慮於「這個愛消失了，怎麼辦」，於是**過度放大「愛的假想敵」**，**或是挑剔對方愛的表現**。然後，這個愛會在挑剔與爭吵懷疑中消失殆盡。當對方離開時，就會跟自己說：

「你看，沒有人會愛我的。沒有人會愛這樣的我。」

這樣**重複性的生命創傷情節**，就像是被詛咒一般，不停重複在自己的生命當中。

▲我是不重要的、比不上別人的

「我們家是標準的重男輕女，奶奶會告訴我，好的要留給弟弟吃，因為弟弟是男生，『需要比較多營養』。弟弟用的東西，也永遠都是新的、最好的，而我都是用姊姊用剩的東西。弟弟做什麼都是好的，而我做什麼都是沒用的。

「我最難過的是，當我想繼續念書時，爸媽告訴我，家裡的錢是要留給弟弟留學用的。即使我念公立大學，他們也一毛錢都不會幫我出學費。從那個時候起，我就決定離家，自己打工過生活。我知道我只能靠自己，沒有人可以依靠，所以我對於資源、對於錢，都有很深的匱乏感；在職場上，我也無法忍受不公平的對待，我很希望證明我是重要的，希望我能得到最好的東西，再也不用去拿別人剩下的、不要的……」

◇◇◇◇

有許多受過羞辱創傷的人，在童年時感受到「自己是不重要的」、「資源是不可能用在你身上的」，這種感覺和「我不被愛」類似，但卻又帶著一點比較與嫉妒的成分：「原來父母不是沒有能力愛，只是不給我而已。」

於是，那種嫉妒、憤怒、不滿、受傷與羞愧的感覺，會化成一種「不滿足」的感覺。這種不滿足，會讓他們希望自己可以「被看見」、「被重視」與「被注意」，自然，「被愛」也是一種重要的需求之一。

的確，「我不被愛」與「我不被重視」這兩個內在負面標籤，時常一起出現，但是，兩者仍有不同。

「我不被愛」，很多時候會著重在「愛」的部分——對愛的不安，對於其他人際關係、工作或資源分配等，渴求度沒有那麼高。

但是「我不被重視、被忽略」的內在負面標籤，那種「我不滿足、我不夠」的感覺，會出現在許多地方。

有些展現的情況是，例如在團體中，需要被看見、被注意；對於外在的名利、錢財、外貌、才能等，會特別敏感。他們會時常感受到「不公平」，覺得自己很努力，但卻得不到別人有的東西。**這種「不滿足」的感受，會使得他們專注在別人有的，而卻忽略了自己有的東西**。

有些人會讓自己表現得很有用，來解決「我害怕自己不被重視」的問題。當然，覺得「我不被愛」的人，也會使用「我有用」的策略，來讓自己獲得愛。使用的策略或許相同，但兩者想達到的目的仍有一點差距：

用**「我有用」來讓自己被愛**的人，目的是希望讓別人可以愛他、可以建立關係；只是當別人愛這樣的他時，他又會因為自己掉入「必須要做些什麼，才能被愛」的循環當中，更感受到「自己一定要做些什麼，才能被愛」的挫折與內在負面標籤裡。

用**「我有用」來讓自己被重視**、**不被忽略**的人，如果成功地達到這個目的，會渴望更多的重視，於是，會花更多時間在「讓自己有用」的生存策略中，目標是讓自己更被重視、得到更多資源，永遠不會滿足於只停留在某個程度。

畢竟，永遠都可以得到更多、可以看起來更被重視。這就像是欲望的無底洞，永遠停不下來。

▲我是不夠好的、犯錯是不被接受的

有些孩子，小時候是在期待中長大。父母對他們十分重視，卻對他們有非常高的期待與要求。我看過一些父母，過去因為自己的創傷經驗，例如自認學歷、職業等不夠好、沒有得到足夠的肯定，因此強烈希望孩子可以為了他們去做到這件事情。

也有些父母，因為自己千辛萬苦做到了自己想要的目標，獲得了社會上較被尊敬的身分、地位，會希望孩子能跟自己走一樣的路，獲得一樣的尊敬，而父母也能因而覺得光榮。

孩子在被如此嚴格的要求下，即使父母愛他們、重視他們，很多時候，他們會感覺到的，不是無條件的愛，而是**「這個愛是有條件的」——我必須做到父母的要求與期待，他們才會愛我，否則我就不會被愛。**

有些孩子甚至因為沒有做到父母的期待，而遭受羞辱。背負著這樣羞辱創傷的孩子，很有可能會對自我的要求很高、自我挑剔、嚴格，**常有「完美主義」與「冒牌者現象」的特徵**。

在這樣的自我要求下，他們可以有一番成就，但是內心卻有許多的害怕。害怕自己做不到就會被嘲笑、被羞辱、被看不起，因此需要讓自己一直維持在頂端，不能掉下來。只能努力往前跑、往更高的目標衝。

◇◇◇◇

對於他們來說，不太有勇氣嘗試不熟悉、不擅長的事情。因為「做錯是不可以的」、「不符期待，也是不可以的」，因此害怕失敗、挫折，過度努力，永遠焦慮於自己是不是不夠好，是不是應該要再去學什麼、做些什麼，讓自己變得更優秀、更棒，就成為他們生命腳本的主要情節。

這樣的他們，很難停下來，而這些成就，對他們也沒有意義：這些成就不會成為他們自我肯定的獎盃，卻是證明他們還留在這個羞辱創傷中、只為了能存活、不被羞辱的標誌。

他們就像是衝著去吃紅蘿蔔的馬一般，雖然可能自己一點都不想吃紅蘿蔔，但擔心自己不衝第一個，不吃到紅蘿蔔，可能就會活不下去，只好讓自己努力奔馳著。

而**這樣鞭笞自己的習慣，如果沒有覺察，很容易也會對身邊的人產生如此高的要求**，嚴格對待身邊的人，使得自己與他人的壓力都很大，**難以建立親密放鬆的關係**。

而有些人，會被這樣的期待壓垮，深深地懷疑自我價值，甚至出現自我放棄，因為「我不夠好，就不會被愛」。

他們一方面可能會抓著一些證明，想要讓別人知道，「自己是夠好的」，因此可能會需要膨脹、表現自己的優秀；但另一方面，卻對自我十分懷疑，懷疑自己的能力、自己存在的價值。對自我與他人都帶著很大的憤怒，很容易感覺自己被瞧不起。

而這樣的感受會使得與他人的互動中，過於敏感，**隨時要確定對方是不是覺得「我很棒」**。

如果沒有，就會出現很大的憤怒，想要攻擊、傷害對方，或是將憤怒往內，對自己產生羞恥感、厭惡與否定，而陷入憂鬱的症狀。

▲我的感覺與想法是不對的、不重要的

小盈小時候養過兩隻文鳥，那是她第一次養寵物。喜歡動物的小盈，十分照顧這兩隻文鳥，兩隻文鳥跟她的感情非常好，有時還會跳到她的身上，陪她一起看電視、和她作伴。

在家中排行老么、與兄姊年紀差距很大的小盈，總是覺得很孤單。有了這兩隻文鳥的陪伴，她覺得自己就像有了夥伴，有了可以親近與理解自己的對象。她非常疼愛牠們。

有一次，小盈要去外地參加為期一週的夏令營。小盈託付媽媽幫忙照顧她的文鳥，但她知道不喜歡動物的媽媽很可能會忽略牠們，甚至忘記給牠們水與食物。

小盈提醒媽媽記得要給文鳥們食物與水，媽媽很生氣地回答：「這有什麼好交代的！不然你以為你們這幾個小孩是怎麼長大的？」

小盈懷著憂慮去參加了夏令營。回家之後，她第一時間就衝去找她的文鳥朋友，但她發現，牠們縮在角落，早已死去多時。

籠子裡，沒有一滴水，也沒有食物。

小盈哭著，生氣地去找媽媽，媽媽不但沒有道歉，爸爸還在旁邊對小盈大吼：「你要是覺得那麼重要，你應該要打電話回來啊，在這邊鬧什麼。只不過是兩隻鳥。」

在那一刻，小盈了解到：「原來，我的感覺對他們都是不重要的，沒有人在意，也沒有人會來安慰我、理解我。」

心，似乎有些東西，就這樣慢慢死掉了。

◇◇◇◇

關於情緒被忽略、被否定、被懲罰、被羞辱，幾乎是許多人的共同記憶。當然，這和我們的文化有關，對於許多父母來說，「情緒」是不熟悉的，而當孩子的情緒出現，很可能會引發他們之前的創傷記憶、覺得煩躁或痛苦，甚至憤怒，或是引發他們覺得「自己做不好」的感受，因此會用相當強力的手段，讓孩子可以「閉嘴」，不再出現這些情緒。

而當孩子變得「聽話」，有些父母會因而覺得鬆一口氣，甚至得意，覺得「孩子就是要打罵，不打不罵不行，不能太寵」，**卻沒發現，自己的手段，可能是繼承自己的父母。而這種「情緒壓抑」的方式，讓自己與孩子，都關掉了情緒**。

對孩子來說，會感到深刻的失望與挫折，覺得「我的情緒就是錯的，就是不被接納的；出現的話，是會被懲罰、羞辱的」。於是，他們也學著一樣的方式，對待自己的情緒，於是對生活可能愈來愈沒感覺，對父母的感情，也就愈來愈淡。

因為情緒是公平的，你不可能只關掉某些情緒而不關掉其他的。**「愛」，是我們最重要的情緒能力之一，但你不可能在關掉其他情緒感受的情況下，還懂得愛、感受得到愛。**

當失去了情緒、感受與感覺的能力，或是習慣以他們的情緒感受為主，學會安撫他人，以免自己受到波及時，會時常懷疑自己的感受、漸漸忘記自己的喜好，然後出現「不曉得自己喜歡什麼、不喜歡什麼」的困擾，包含生涯、生活的各種狀況。

與他人相處中，這種「不知道、沒感覺」的「忍耐」，也就是「我的情緒是不會被尊重的」成為內在的負面標籤，也成為「生命腳本」的主要情節時，就會讓人在人際界限與選擇上非常模糊：要不就是界限過於僵硬，時常要保護自己；要不就是過於模糊，時常被別人侵犯界限而不知道該如何是好；過度理性，或是難以相信自己的感受……使得我們在人際關係中，常在「該親近，還是該疏離？該說出自己的感覺，還是該隱忍？」的過程中掙扎不已。

都是我的錯

「不知道為什麼，如果身邊的人有情緒，常常會影響我的心情。一旦有人心情不好，我就會覺得有罪惡感，好像是我做錯了什麼。在工作上，這樣的性格讓我很辛苦，因為身為主管，當我訂定目標，希望其他人達到，或是有些人在工作上表現得不好，甚至犯錯，當我需要指出問題時，我會非常猶豫。因為我會擔心他是否會因為我的指出而受傷難過。

「因此，即使我腦子很清楚，我做的是對的事情，我仍然會因為別人的情緒而非常自責。這種個性，會讓我負擔太多責任。我會寧願我自己去做，因為我實在無法承受別人的情緒。以至於到最後，每個人的『心情不好』，不管與我有沒有關，好像都變成我的責任、我得解決的事，而我快要被這個責任壓垮。

「**後來我才發現，這個罪惡感，一直以來根深柢固在我跟媽媽之間**。我媽媽是很擅長用『情緒』管理我的。如果我有做錯什麼事，她會一直不跟我說話，也不會讓我知道我做錯什麼，我得一直猜……後來我養成一個習慣，就是不管如何，只要我媽一不開心，我就是先說『對不起』就對了，即使我根本不知道我做錯什麼。

「我一直以為這是一個很小的事情，雖然不停地出現在我和我媽的互動中。但現在想來才發現，我會一直拚命做、拚命做，就是因為我一直覺得自己『對不起別人』。我做那麼多，只是想讓別人開心起來，而這個互動感受，就跟我和我媽的狀況是一樣的……」

◇◇◇◇

在「心理控制」那一個段落中，我討論到父母用一些方法來心理控制孩子，讓孩子可以按照自己的方式去做。這種**「引發你的罪惡感」，正是一種最常見的「心理控制」**，也是「情緒勒索」最常被應用的方式之一。

不過，孩子原本就會有把家庭的問題歸責在自己身上的傾向，當遭受羞辱創傷的孩子又必須承擔過多的罪惡感時，那種「不管發生什麼，都是我的錯」的自我歸責、自我貶抑的習慣，就會不停地鞭笞孩子的內心、打擊孩子的自尊。

這樣的孩子長大之後，會很容易在與他人的相處關係中焦慮，拚命地留意每個人的情緒與神情是否有何不妥，以此來調整自己的表現與行為。

「焦慮」就成為這個人與他人相處的主奏，而麻煩的是，這個焦慮可能沒有辦法這麼快被辨識。

因為，它已成習慣。

另外，遭受過霸凌的孩子，也很容易會出現「都是我的錯」的感受。因為當一群人都對你不理不睬，或是做出欺負、冷淡、輕蔑、嘲笑批評，甚至行動上的攻擊行為時，你會誤以為自己真的是做錯了什麼，才會遭受這樣的對待。

特別是「檢討被害人」的習慣，會讓整個團體誤以為：「你會被這樣對待是有道理的」、「不然怎麼會這麼多人這樣對待你呢」，而無視於這個團體本身需要負的責任。

特別是有些情況下，老師或家長在面對霸凌事件時，會出現這種說法：「別人不應該欺負你，但是大概你也有什麼問題吧？不然別人為什麼會欺負你？」這種說法會在孩子心中，加強「就是因為我有問題，所以才會被欺負」的印象，而產生這種「都是我的錯」的內在負面標籤。

許多孩子就在成人之後，就像是當初那個辛苦生存的孩子一般，繼續努力地想要彌補一切：解決著別人的問題、負著別人的責任。

而關於自己的人生，就在這樣的消耗中，消失在為眾人的奉獻中。

▲我很糟糕

在這些內在負面標籤下，最後得到的結論，都跟「我很糟糕」有關。我很糟糕所以不值得被愛、我很糟糕所以做不到別人期待、我很糟糕所以沒辦法被接納都是我的錯……這種如影隨形「我好糟」的感覺，就像背後靈一樣，一直跟著我們。

這些帶著「我很糟糕」與羞恥感的內在負面標籤，會讓我們在關係中產生各種樣子，影響傷害關係。當然，也傷害自己。

內在負面標籤、羞恥感與假我的關聯

為了要避開自己內心的負面標籤，不被別人發現，在人際關係中，我們會開始發展出一種虛假的自我，也就是前文所說的，一種「會被別人接受的自我」。

這個「自我」可以說是自己能力做得到的構築，也是某種保護自己的方式，但是長期在親密關係中，仍然用著這個自我，其實是傷害我們自己，也是傷害關係的關鍵。

為什麼呢？

「虛假的自我」，有如面具一般，之所以說「虛假」，是因為**在建立這種自我時，我們所依憑的，不是真實感受，而是他人的感受與標準**。

例如：這樣做會被別人認為是乖小孩、這樣做會被別人崇拜、這麼做會被別人肯定、這麼做可以被別人喜愛……

當我們安撫了別人的感受、做到別人的標準時，心就會感覺到「安全了」，不用再擔心內心那種蠢蠢欲動的內在負面標籤——覺得自己不夠好的「羞恥感」被發現，也就可以「暫時不用害怕」。

也就是說，促使我們發展「虛假的自我」，是因為在人際互動中，我們太需要安撫、迎合別人，讓自己「不用害怕」、覺得安全，也讓自己的羞恥感有地方可以躲藏。

使用「假我」，很難避免「說謊」

可是，這個「虛假的自我」，只是一個暫時的庇護所而已。因為躲在這之後，「真實的自我」沒有證明的機會，它與羞恥感一起躲起來，避免不讓其他人發現，卻因為這個遮掩，而讓我們對真實的自我感受、脆弱等，覺得更加羞恥。

而且，使用「假我」時，很難避免「說謊」，例如說「相反的話」：明明很在意，卻說沒關係。「說謊」這件事，正是一種隱藏真相、真實感受的適應行為。它讓我們可以不用面對他人情緒的衝擊，也可以安撫他人，避免真相或真實自我被拆穿。

可是，**「說謊」這件事，又難以避免地會帶給我們罪惡感與羞恥感，讓我們再次感受到內在負面標籤：「我好糟糕」**，然後這些感覺與原本的羞恥感呼應連結，無法展現真我的害怕與焦慮就會更深，更讓我們只敢牢牢抓住假我，成為我們人生中的最後一根浮木，而形成難以破解的惡性循環。

再加上，當我們使用「虛假的自我」在人際關係中，我們與他人互動的行為，很多時候不是出於「自發性」，也就是「是我想這麼做，因為我對你有感情」，而是為了維持這個「虛假的自我」，以及我對人際關係的不信任、害怕，為了避免因為內在負面標籤被發現，而被傷害，所以我需要迎合你、照顧你、安撫你，讓你不會傷害我。

失去感覺愛與連結的能力

換句話說，我為了我維持我的「形象」，帶著我的「偶像包袱」，必須扮演某種角色。這個角色看起來可以有效安撫別人不會傷害我，我會感覺到自己被保護，所以這個角色也安撫了我自己。

但它是一種「**自動化的行為**」，而非「**自發性的行為**」。因為，我在關係中，都只有感受到害怕與危險，所以我只能自動化地進行「虛假自我」的展現，而無法因為出自我的內心感受、為了愛與親密或想與人自在地連結，才進行人際關係的互動。

因為，當我用真實的感受與需求與他人互動，這實在太危險。就以前的羞辱創傷經驗來說，這一定會被傷害、被攻擊、不被接納與被否定。所以，我需要牢牢地抓著「虛假的自我」，也就是我的面具不放。這是我唯一能夠保護自己的方式。

但是在過程中，我失去在關係中感覺愛與連結的能力，也失去判斷什麼人適合靠近、什麼人適合遠離的自我保護能力，因為我只會用這種方式保護自己。

這種方式，只保護我暫時不被傷害，卻讓「真實的我」失去了被認識、被接納與被愛的可能性。它只能與我過往的羞辱創傷待在一起，一起沉浸在羞恥感與害怕當中。

一起被變成「壞的」，即使它什麼都沒做。

而我們因為這樣，更對他人出現羞恥感，甚至有更大的不信任感與憤怒，因為他們只能接受我們這個「假我」，而且十分滿意，使得我們的真我沒機會出現。但事實上，有許多時候，是因為**我們太久沒有讓「真我」出現，連我們自己都忘記他的樣貌，也害怕著面對真正的自己**。

這是在關係中，「假我」出現之後，對我們關係的最大傷害。

因為羞辱創傷而造成的「重複性生命腳本」

犧牲自己，換取關係——愛情創傷

「我本來以為他是愛我的。」坐在咖啡廳的她說著。

她緩緩道出自己在上一段戀愛中，被要求拍性愛影片，後來卻不敢離開的經驗。

「身邊的朋友都跟我說他很糟，我當然知道。可是他擁有很多讓我覺得好的東西：好的職業、名聲與地位。能夠被他看上，從眾多女生中選中而在一起，我覺得自己很幸運，所以我應該要好好努力達到他的需求，才有辦法和他一直在一起。」她嘆了一口氣。

「我很努力。只要他說我外表哪裡不夠好，我就去整型。說我沒氣質，我就去學東西。插花、茶道、日本舞、調酒……我還拿到了廚師執照。」她自嘲地笑了笑。是沒錯，一場戀愛下來，她看似變漂亮不說，琴棋書畫還樣樣精通。可是，不知怎麼，她的眼底愈來愈沒有靈魂。

「我大概變成工具人了吧！」她嘆一口氣。「我以為我是愈變愈好，但當他跟我提愈來愈多要求，我卻發現，我好像愈來愈難分辨，到底這些要求是不是過了頭？我到底是在為了感情努力，還是為了愛在出賣我的靈魂？」

她說的，就是她前男友的性愛影片拍攝。

「一開始只是好玩。因為愛他，拒絕他好像很不對。我很害怕看到他失望的表情，那會讓我覺得我好像做錯了什麼事。所以，即使覺得不安，我還是答應了。」她囁嚅著，講出這些，對她一定很不容易。

「然後，他開始要求直播，要求露出我的臉來。他說，我的條件那麼好，他想向他的朋友炫耀。」她哭了起來。

「我當然知道這不對勁，知道不應該答應。可是，他不在乎地對我說，只要他想，他可以找到一堆條件比我好的女生為他拍這個影片，也不差我一個。他給我機會拍，是因為看重我，我居然不相信他，認為他會傷害我或利用我，那就大可不必。」

「於是，你就答應了嗎？」

「對，我太怕失去他了。他對我來說，是一個高不可攀的夢想，所以我得努力把他留在身邊才行，盡一切努力。即使需要犧牲一切，包含我自己。」她苦笑。

「對那時的我來說，他是不可替代的、我人生唯一的希望跟價值。我完全不能想像離開他的自己會變怎樣……我想，可能自己就像是個破布娃娃，被丟掉的那種。

「我當然知道，知道要愛自己，知道這樣不對勁，可是我停不下來。別人勸我、責備我，甚至看不起我的話，我都聽不下去。對那時的我來說，只有他的話、他的一言一笑，是能夠撼動我世界的唯一。」

◆關於PUA與羞辱創傷

近年來談親密關係中，時常會談到一個詞：「PUA」，也就是Pickup Artist。討論PUA的文章與書籍很多，有興趣的朋友可以去找來看。不過，我想要針對PUA的幾個重點做討論。

所謂的PUA，一開始的發展，其實是想幫助一些不擅長和女性互動、社交的異性戀男性，發展出一套「策略」，讓男性能夠在與女性互動時，得到一些可依憑的準則，增加其自信、減少焦慮，表現出最自然、自在的樣子，因此博得好感，甚至能進一步發展親密關係。

這種策略，後來被發展成一套「把妹策略」，且更加強「貶低他人」、「心理控制」，甚至「行為控制」等部分，也開始成為用以幫助男性可以獲得更多親密關係，甚至控制他人的一種方式。

許多文章討論到「PUA哲學」的可惡。但我想要討論的，是**遭遇過羞辱創傷的人，特別容易陷入PUA的陷阱**。

對受過羞辱創傷的人而言，他們對自我感是低下的，對展現內在自我，也是害怕的。因此，身為羞辱創傷者，以男性而言，在社會的壓力下，「求愛被拒」是一種很容易引發羞辱創傷、讓情緒重現、引發羞恥感的一種恐怖狀態。因此，對於習慣以**解決問題導向**的男性來說，知道有一套SOP，並且加以遵守，就是一件很輕鬆簡單、容易達成的事情。

如果PUA改成：「你需要去探究你的內心，有哪些不舒服的感覺……」等等，它就不會這麼盛行於男性之間。

因為**「探索自己」，特別是情緒，對男性來說，實在太模糊、太陌生**。這個社會也給了男性許多壓力，包含要強壯、要有成就、要成功、要堅強……卻沒有給男性能夠理解自己感受、增加自我韌力的工具。因此，男性只能用他們最熟習，也被社會允許的工具，來「解決」親密關係的問題與挫折，那就是：「理性」以及「有步驟的SOP技巧」。

而且，就我的觀察，在一開始進入親密關係前，男性對於「被選擇」的敏感度與感受到羞恥的程度，比女性高很多。而女性多半更重視「心靈契合」、「能夠被理解」，這是長久以來社會性別上，內在情緒成熟度發展的差異所造成。

因此，對於有不少男性來說，與其去理解對方，結果被當成工具人，倒不如讓自己在「求愛」這條路上，能夠具有「控制感」，可以有一些方式讓我變得更有自信、更不焦慮、更容易成功，就跟工作一樣。

因此PUA會盛行，其實並不意外。

◆PUA中的親密關係，建立在「害怕」

但問題是：當我們不了解親密關係的本質，只為了追求「擁有」親密關係，以增加自我感覺良好時，這樣的策略就很容易會走歪。

例如PUA後來變成所謂的「養、套、殺」，極為強調「裝出來的面具（外在形象）」、「貶低對方」、「控制對方為自己所用」，就使得這樣的親密關係，完全走向**權力不平等的控制與掠奪**，而無彼此的平等、尊重與理解時，這段親密關係的敗亡，失敗的不只是被控制者，還有控制者。

因為兩者都無法得到自己真正想要的，具有愛與理解的親密關係。

在PUA中，所有的親密關係，都只是建立在「害怕」上而已：

一方是：我害怕你離開我，我會覺得自己沒有價值，所以我要想辦法控制你、踐踏你，讓你失去信心而不敢離開；

另一方是：我雖然覺得痛苦，但我害怕我離開你之後，我就是沒有價值的，或是我根本不敢離開，因為我覺得你可以控制我的生活，對我有極大的影響力。

從上面的描述，大家可能也發現了，另一種遭遇過羞辱創傷者，也特別容易陷入PUA這種關係當中，那就是被「養套殺」的那個獵物。

從許多人的分享可以看到，有不少遭遇到PUA的女性，都具有「配合他人需求」、「在意他人評價與感受」、「懷疑自我感受」、「當別人不開心時，很容易自責或『反省自己』」等特色。

而這些，正是遭遇羞辱創傷者的特徵。只是在性別角色上，女性比男性更常展現出以上這些特質，因為社會鼓勵女性當一個善體人意、縮小自我存在感的人。

特別是，有不少女性在面臨親密關係的問題時，會希望藉由自己主動的改變，換取關係中的安穩，減少衝突。

因此，PUA這個互動形式，才能一再地被使用，且一再成功。

◇◇◇◇

不過，時代一直在演進著，關於PUA，我也看到一些性別角色對調的狀況。但當今天愈來愈多人能注意到這樣的情況時，深陷在PUA關係中的你，不論你是施予者，還是承受者，我都希望你能夠開始看清這個現象，重新思考自己在親密關係中，真正想要的到底是什麼。

對於**施予者**來說，你願不願意相信，**不需要靠控制對方，對方還是有可能會愛你**；就算因為對方不愛你而離開，那不代表是你個人價值的崩壞、或是被否定，而是代表你們是獨立個體。僅是不愛了，而你與他都有能力再找到你能愛、能愛你的人。

對於**承受者**來說，你願不願意相信，當**你離開對方，不代表你失去了價值，或是你做錯了**

什麼；你的身邊除了他，還有其他愛你的人。當你願意求助，他們都會願意伸出援手，幫助你離開這段不健康的關係。

而你會遭遇這樣的事，不是因為你做錯了什麼，也不是因為你不好，只是就遇到了。離開，是保護自己、尊重你與對方的行動。因為你值得更適合你的人，當然，他也是。

你是否會讓我失望？——權威創傷

小文覺得很受傷。

她很尊敬自己的指導教授。聽過身邊的同學或學長姊經歷到的一些不好的經驗，例如被指導教授羞辱責罵，或是當免費助理用，甚至以權威壓迫、恐嚇——例如不聽教授的話，就沒辦法口試、沒辦法畢業……這些恐怖的鬼故事，都沒有出現在她與指導教授之間。

在她的心目中，指導教授是個界限分明、不做過度干涉的老師，很多時候不會主動出手，但如果她需要幫助，或是教授判斷這件事需要由教授自己來處理，教授也會不吝出手協助，讓小文安心。

可以被照顧、被保護又不會被過度干涉。雖然教授很忙，有時候不是那麼細心，但只要小文提出需要，教授就會想辦法解決，小文覺得自己真的是太幸運了。

不過，發生了一件事，讓小文對教授的觀感開始動搖。

有一個和教授私交很好的老師，該老師對小文有些誤會，使得兩人在課堂上有些衝突。教授知道這件事之後，建議小文可以去跟老師聊聊，把誤會解開。

小文知道教授和這位老師感情很好，因此對於教授的這個建議不意外。問題是，小文不覺得自己有做錯什麼，當聽到教授這個建議時，一向習慣順從權威的小文想著，「那我應該要按照教授的方式去做才對。」

不過，一向是乖學生的她，不知道為什麼，對這個想法極為抗拒。她忍不住想著：「原來教授最後還是站在別人那一邊」、「他們兩個一定都在偷偷討論我吧」……這個想法出現後，那種「原來我還是會被拋棄的、是不重要的」，以及「最終沒有任何人值得信任」的感覺全部湧上，讓她忍不住對教授出現排拒的情緒，甚至開始沒辦法參加與教授的meeting，跟教授討論論文。

小文也曾為了這件事跟朋友、同學討論，想問問自己是否應該將自己的感受傳達給教授知道。許多人給她的建議是：「人在屋簷下，不得不低頭。我看你還是就乖乖照教授的方式去做，不要去跟他討論這件事你的感受，不然你會受傷的。」

於是，小文默默地按照教授的建議去做，雖然自認完成了教授的期待，但心裡充滿受傷，也覺得沒有辦法像以前一樣信任教授了。

教授感受到小文的變化。在某一次機會下，教授邀了小文來她研究室聊聊。

教授先說出自己這段時間的感受與想法，也邀請小文說出自己的感受。

在教授的分享下，小文才知道，教授從未與這位老師討論過小文的事情，而教授會給予小文這樣的建議，純粹是因為以教授對那位老師與小文的理解，認為該老師是相當認真正直的好老師，小文也是認真的好學生，雙方都是做事認真，也是好溝通的人，沒必要因為這樣的誤會，而造成彼此見面的尷尬與不痛快。

當小文鼓起勇氣和教授分享自己當時的心情時，教授也才發現，原來自己的「建議」，對小文來說，變成了「一定要去做的要求與期待」，而且這個建議也扭曲成了「是為了要讓小文去道歉」的形式。

教授了解了小文的心情，也向小文道歉，告訴小文，這並非是自己的本意。

在這樣的澄清中，小文才知道自己有許多誤會，也才發現了，原來內心那些與權威之間的羞辱創傷，對自己的影響如此之大。

◇◇◇◇

像這樣的故事，大家是否覺得熟悉？

談到羞辱創傷，很難不談到「權威」。或許對於所有的人來說，心裡都有一塊面對權威的複雜心情。

事實上，讀到這裡，大家應該已經發現，「羞辱創傷」幾乎大多是來自於權威的創傷，包含父母、老師……與這些權威互動的經驗，最容易形成我們對自己的看法，而當互動經驗不好時，又會形成我們對權威的想像。

因此，若在與權威互動的經驗中，遭受過羞辱創傷，有著被羞辱、被傷害、被背叛的經驗，日後，我們很可能會戴著這樣已經破裂的眼鏡，看著現在的權威，帶進自己過去的創傷經驗。

◆理想化對方

例如小文，她因為過往的創傷經驗，帶著「我是不重要的、會被拋棄的、不夠好的」等內在負面標籤，有機會遇到一個還不錯的權威典範，讓她有了與過去，甚至與他人不同的權威正向經驗，因此讓她「理想化」自己的教授。

但是，這種「理想化」其實是很危險的，因為一旦對方做錯一件事情，甚至只是做的事情會「勾起」、「引發」過去的羞辱創傷記憶。這種「情緒重現」，會和小文的內在負面標籤，以及對世界不信任的看法等呼應，讓小文更陷入那些「情緒重現」的負面情緒中：憂鬱、憤怒、羞恥、悲傷……

而這些情緒，會讓小文出現習慣性的防衛機轉與生存策略，用以克服、適應這樣的情況，那就是：順應他人感受、滿足他人需求與期待。

但是，對小文來說，感受並沒有比較好，反而因為之前理想化了權威，但權威卻讓她失望，內心的委屈、失望等情緒更強，憤怒、怨與憂鬱，也來得更深。於是**這些情緒加強了小文內在的生命腳本：**

「沒有人會站在我這邊的、我是沒人愛的、會被捨棄的，最終，我就是只能靠自己，沒有可以信任的人。」

於是，原本小文有機會可以在這個權威上獲得新的、對權威的理解與「矯正性經驗」——也就是跟以前不一樣的、好的經驗。卻因為過往的創傷經驗，纏住了自己想勇敢核對的心，而差點錯過了一次好的人際互動經驗。

◆集體性的權威羞辱創傷

可是，這並非是小文的錯。在這個故事中，我們就可以看到「羞辱創傷」對我們的影響，它會造成我們對**人際失準的判斷**，還會讓我們**陷入過往重複的生命腳本裡**。

另外，關於這個故事，有個部分也是大家可以特別留意的。那就是，因為與教授之前的好互動，讓小文對教授有多一點的安全感，因此，她曾想過要去和教授談談自己內心的感受。但是身邊的同學、朋友，許多人勸她不要，因此小文打消念頭。

這個「阻止」是我們整個文化中非常有意義的部分，也就是「**集體性的權威羞辱創傷**」。

很多人都有這樣的經驗：當我以為你是可以相信、可以依靠的，我向你表現了我最脆弱的感受與情緒時，此時權威無法變成平等的人，一樣去分享自己的感受與心情，反而是站在權威的位置上，拒絕、否定了我。

這個拒絕與否定，會讓我產生極大的羞恥感，因為我暴露了自己最脆弱的部分，而被拒絕、不被接納，甚至有時還被否定，被說是「你自己的問題」。

這樣的經驗，真的讓我好害怕，所以，我寧願先把權威都想成壞的，這樣至少我可以保護自己，不要受傷。

◇◇◇◇

這類的故事，其實不僅僅出現在權威創傷中，在愛情中，也很多這樣的故事：因為我害怕，所以我要先把你想得壞。我要先預防性地控制你、掌握你，讓你不會「做壞事」，我才會安全。

然後有一天，對方受不了這樣的掌控，決定離開。

而我的感受是：

「你看，果然沒有人受得了我。我最終就是會被拋棄、被丟下、不被愛。」

而我人生的腳本，就這樣一再重複，甚至被強化。

這些人際關係的困頓與「強制性重複」，常常是羞辱創傷所造成的影響。

陸

當我們陷入羞辱創傷而過度努力

——沒關係，還有我愛你

這段療癒過程，
是你一路上都孤獨著自己找路的理解，
也是你一路上承擔經歷了許多的懂得。

階段一：探究你的羞辱創傷

——傷口被看見，才會被療癒

你過去遭遇了什麼讓你覺得羞辱、受傷的事？

在讀了前面關於羞辱創傷的描述，你發現自己有著類似的經驗嗎？

或許，讀完了這些關於羞辱創傷的描述，你想要趕快了解，羞辱創傷對自己現在的影響，以及想知道要怎麼做才能趕快「好起來」。

但我想要**先請你，試著把你遭遇過，覺得受傷、脆弱，甚至帶有著羞恥感、罪惡感的經驗與記憶，寫下來，或是對著自己說出來**。

探究自己的羞辱創傷，是療癒自己很重要的第一步。

為什麼一定要說出來呢？

面對羞辱創傷，當時的情景，會因為被他人對待或傷害的關係，成為我們生命中的一個自認的汙點。但是，這個記憶是被他人「扭曲過的」。也就是說，是因為我們以他人的觀點為觀點，以他人的感受為感受，而重塑了這個記憶本身。

這個記憶本身的「訴說權」，它是什麼樣子的，而我們遭受了什麼，是怎樣的感受與情緒，就這樣，都箝制在他人的手上。

因此，去描述、理解自己到底經驗了什麼，當時是什麼樣的感受與情緒，而這又怎麼影響了我們，是一個很重要的自我療傷的階段，也是幫助自己理解：

這些經驗本身，對我們產生了什麼影響，造成我們會成為現在的自己。

當我們不說出來，我們無法擁有力量，去阻止施加創傷者。當這些是祕密時，他們會以為自己仍然可以這麼做。而「祕密」，會讓這個羞恥感，繼續留在我們身上，使得我們承擔這些，變成我們性格中的一部分。

把這些羞恥感還給對方，是一件很重要的事情。

還有，這是一種「**賦能**」，是我們開始學會保護自己、開始給自己力量、開始去正視自己遭受過什麼，以及當時我的感受與情緒是什麼，我終於可以拿回來的證明。

「自我悲憫」，讓自己能夠前進

在韓劇《少年法庭》中有一段話，直擊我心。

「遭受家庭暴力的孩子們，在受害之後就不會再長大了，即使過了十年、二十年，那也只是時間流逝而已，而他們會被獨自拘禁在過去的日子裡……」

這段話說的是遭受家暴的孩子、遭受情緒或肢體虐待的孩子，也是在說羞辱創傷的孩子。

他們停在那裡，無法前進，也無法後退。他們是長大的人，裝著幼小的靈魂，瑟縮在角落，永遠長不成大人的樣子。只能扛著大人的面具，勉強地過著每一天。

在寫下這些事，理解這些事實，是幫助自己拿回公正的眼光，公平的對待自己；拿回自己被剝奪、不准發聲的感受、情緒與想法；還有，拿回對自己的同理心，能對自己「自我悲憫」。

然後，讓自己能夠前進。

我見過許多個案對自己極為殘忍。在描述創傷記憶時，會很殘忍地對自己說：「你活該，你就是沒人愛，活該會這麼被對待！」

當我們沒有機會去重新觀看這段創傷時，我們會用當初傷害我們的人的眼光去看待自己、看待這些創傷記憶。我們會不小心內化了對方對待我們的方式、說的語言，而變成了自我鞭笞的動力。

要從這些傷口復原，需要練習重新探究自己的創傷記憶，並且拿回自己被別人剝奪，甚至自己封印住的那些感受與情緒，讓自己的心可以找回來。

接下來，深吸口氣，我們一起走這段療癒的路程。**路途中，不忘拍拍自己，對自己說：「你真的很勇敢，我陪著你。」**

我曾經遭遇什麼？

知道自己遭遇的是痛苦的、不公平的事，對我們的復原之路是重要的。我們需要去看那些過去的經驗。哪些是我們的真實，讓屬於我們的感受、想法等能夠恢復，了解到自己遭受什麼不合理的對待，並且理解那些恐懼如何影響我們。

開始第一步時，我想請你找一個讓你覺得舒適、安全、安靜的空間，你可以放置會讓你舒服的抱枕，或是在書寫時，手邊放著可以安慰你的東西。一個小玩偶、小擺飾、紓壓球、香氛精油、音樂等都可以。

當你覺得這個書寫或是回憶過程讓你覺得有些壓力，就可以觸摸、嗅聞、聆聽、觀看這些可以帶給你安全的物品，提醒自己可以慢慢放鬆，安撫你的身心。

當你開始覺得安全、舒適後，你可以拿出你的日記本、筆記本，使用書寫，或是拿出錄音器材，用說的也可以。

接下來，你可以：

(1)選擇一段曾遭過羞辱創傷的記憶，試著回憶，並寫下或說出當時發生什麼事。
(2)問問自己：當時的感受是什麼。
(3)這個經歷讓你對自己或他人產生什麼看法？（可參考負面認同與負面標籤）
(4)這些感受與看法，促使你做了什麼決定。
(5)如果你是一個旁觀者，你會想對這個過去的自己說什麼？

舉例而言：

小琴一直覺得說出自己的需求是不對的。她認為凡事就是應該靠自己，因為從她有記憶以來，她都被父母說是一個會造成別人麻煩、需求很多的小孩。

她想起(1)小時候有一次，她在放學回家的途中跌倒了。當時膝蓋出現了一個好大的傷口，一直流血。

她一邊哭著，一邊跑回家。鄰居阿姨看到她的制服沾到了血、狼狽不堪，還一直哭，想幫她包紮，但是當時媽媽還沒回家，她不敢讓鄰居阿姨幫她處理傷口，怕麻煩別人會被媽媽罵。

左鄰右舍都勸小琴讓阿姨包紮，但她還是拒絕，哭著回家等媽媽。

媽媽下班一回家，立刻氣得跳腳，對小琴說：「我剛才到家樓下，鄰居全部跑來說我女兒受傷，不讓人包紮，因為怕媽媽生氣。人家還以為我是多恐怖的媽媽，才會讓女兒受傷，怕我怕到不敢讓別人包紮，都是你不小心！」然後，小琴就被媽媽掌摑，還毒打了一頓。

她的哭叫，左鄰右舍應該都聽到了吧。

（2）小琴想起這件事，回顧當時受傷的自己，應該是又痛又害怕，怕自己傷口一直流血，但更怕媽媽生氣。

當媽媽毒打她、大聲罵她的時候，她的感受是既痛、害怕、丟臉羞恥又憤怒。媽媽讓她覺得自己做錯事了，而且重點是：不能做錯事、不能讓媽媽丟臉，至於她的傷口痛不痛，一點都不重要。

(3)於是，小琴覺得自己的感受是不被在乎的，自己是不重要的、是會給人添麻煩的；而這世界上沒有人會保護自己、會照顧或重視自己的感受，就連自己的媽媽也不會。

(4)所以，小琴下了一個決定：「我以後都要靠自己。我再也不要麻煩別人，包含我的家人。這樣，我就再也不用遭遇這種可怕的狀況，不再會因為期待而受傷，也不會因為自己受傷而遭受更大的怪罪與責備。」

小琴的委屈情緒，就被鎖在這個過去中。

打開這個羞辱創傷後，當小琴願意去感受那時候自己的感受、了解自己如何形成對自己與他人的看法時，我們就開始了第一步。

在這個時候，如果**我們可以把自己當成旁觀者。看看那個小時候的自己，試著對他／她說些安慰的話，這就是自我悲憫的第一步**。

(5)我們可以找個小玩偶，或是小代表物，當成是會讓自己想起小時候的自己的替代物。而長大後的自己，可以試著對有這個經驗的自己說：

「你一定嚇壞了吧！那時候的你，一定又痛又難過。你好希望媽媽可以照顧你，也好傷心媽媽這樣對你。可是，你知道嗎？那不是你的錯，那真的不是你的錯。」

然後，我們可以拍拍、摸摸，甚至擁抱一下小時候的自己。

這，就是開始復原、療癒的第一步。

淡化與合理化的影響：停止把注意力放在對方，而是自己身上

要平鋪直述地說出之前所發生的創傷經驗，其實是一件非常不容易的事。我們可能會被自己的害怕所打斷，那些習慣的防衛機轉會跑上來，阻止我們去接觸自己內在的情緒感受。

例如，很多人會在描述這樣的經驗時，忍不住補充說：「我真的能懂，媽媽不是故意的。她那天下班剛回家，非常的累。前一天又跟爸爸吵架，鄰居還這樣說她。她會生氣，是正常的。」

或是：「其實，那都是過去的事情了。我現在跟媽媽很好，跟以前不一樣了……」

也可能是：「但這些事情都過去了……」

這些都是關閉情緒、淡化與合理化我們的情緒創傷經驗，試圖想要讓我們當下可以不用接觸情緒、可以好過一點的防衛機轉。

可是，**我們一定要知道：**

去看見、接觸我們的創傷與過往被封印的情緒，不代表我們正在責怪誰；我們會痛，不代表就是要去說「是誰的錯」；更甚者，對方可能需要為當時這樣對你負責任，但這**仍然無法抹殺你們現在的關係，以及曾經擁有的美好回憶**。

傷害與美好、愛與恨、尊敬與貶抑、理想與失望……有時候，是會存在同一個人身上的，而這就是愛與關係的複雜性。

只是，受過羞辱創傷的孩子，有時候會因為對施予羞辱創傷者的**「忠誠」**與**「罪惡感」**，導致自己不敢去碰觸自己的受傷經驗與感受，因為擔心連做這樣的事情，都是在指責對方。

而這，就是我們該去意識、該去重新理解自我感受的重要性的關鍵。

因為，**我知道、理解並尊重我的感受，是沒有對不起任何人的**。

這正是我身為一個獨立個體，一個值得尊重的人的證明。

階段二：哀悼那些你所失去的，了解不是你的錯

哀悼這個步驟，是非常重要的。

我們需要哀悼，哀悼曾把這些過去歸咎在我們身上的自己。因為我們曾經期待，期待我們若有一天可以「不犯錯」或「做對了」，我們就有機會可以得到愛與理解，得到過去我們沒有得到的、而極為期盼的那些；可是我們必須知道，**原來，這一切都不是我的錯**。

但這也代表了，我們期盼因為我們能夠調整自己、變得更好而得到愛的這件事，原本就不是可達成的期盼。

因為，可能我們所盼望的這些人，本身就是沒有能力提供更好的對待，或是，更多的愛。

當我們理解這不是我們的錯時，也等於宣布了，原來過去我們用這些防衛機轉，希望可以得到更多愛、過得更幸福，其實可能是錯了。

原來，一開始，就是這些人可能沒有能力愛。

我們的期盼，或許就這樣破滅了。

這個理解，是需要哀悼的。

另外，在這個哀悼過程中，也是**幫助我們「撿回」我們過去被捨棄、不被允許出現的情緒**。

對許多遭受過羞辱創傷的人們而言，在過去的經驗裡，最常被捨棄掉的情緒是「憤怒」，而最常感受到的情緒是「焦慮」。焦慮就容易讓我們在自己僵化的防衛機轉、生存策略裡打轉。

哀悼，可以找回憤怒，而憤怒是有力量的，可以讓我們更重視自己的情緒與需求，並且學會用新的方式保護自己，那就是：感受自己，表達自己或拒絕他人。

但若這個「憤怒」對我們十分陌生，當這個情緒上來，會造成我們對他人的害怕。害怕有憤怒的話，別人會討厭我們；也會出現對他人的憤怒與不滿，覺得自己會這個樣子都是別人害的……會有這些情況，都是正常的。

不過，我們永遠不要忘記，**我們需要練習把注意力從「他人」身上轉回「自己」身上，因為「把注意力放在他人身上」是我們的生存策略與習慣**。

因此，在感受這個憤怒時，問問自己在氣什麼、為什麼會生氣，甚至問問自己為什麼會發生這樣的事情，這樣，我們才有機會可以看到自己深層的委屈與受傷，並且藉由感受這個憤怒，成為我們的力量。讓我們有勇氣可以負自己的責任，也能讓自己能夠有勇氣拒絕別人，讓自己不委屈。

哀悼的步驟

哀悼的步驟共有六個：

- **找一個創傷知情者／見證者，向他訴說你的創傷經驗。**
- **可以生氣。**
- **可以掉眼淚。**
- **可以替自己說話。**
- **可以愈來愈能說給別人／自己聽。**

■ 感謝沒有放棄的自己。

前五個步驟，可以結合階段一，這些都是感受自己的情緒，找回內在自我的重要過程。而第六個步驟，就是對自己所做的看見與感謝。那是你一路上都孤獨著自己找路的理解，那也是你一路上承擔、經歷了許多的懂得。這個步驟，是你給自己的感謝與擁抱，**感謝自己一個人就這樣撐了過來。而這就是所謂的「自我接納」**。

事實上，對於經歷羞辱創傷的人們來說，會有一部分的自己，被留在那段創傷裡，被困住、沒有辦法長大。

我們沒有辦法跟別人說，也覺得這個經驗是羞恥的，於是更想藏起來，而自己的羞恥感就變得更深，更討厭這樣的自己。

找一個可信任的人，試著說出自己以前的創傷經驗，並開始練習接納這些經驗與自己，是重要的。不過，這個對象的選擇很重要。因為有些時候，雖然有些人是愛你、支持你的，但是或許他也有自己的創傷、有自己處理創傷與情緒的方式，而這個方式可能不是你喜歡的。

若你選擇對他訴說，而他立刻使用他習慣的防衛機轉來面對你，你可能會因為掏出了自己的脆弱，卻沒有得到對方真誠的回應而受傷。

因此，選擇適合的對象，也不要因為選擇了可能沒能力給予你想要支持的對象，而失望、憤怒。

學習自我悲憫

如果你的創傷過大，或你覺得不安全，思考著身邊可能沒有可以分享的人，我會建議你選擇適合的心理專業工作者，例如心理師。

「哀悼」這段過程，是與自我建立關係、對自我產生同理心——也就是「自我悲憫」的重要過程。

我們會在「哀悼」的這段過程中，哀悼過去的自己必須遭受這些，哀悼著「原來這不是我的錯」，但卻又失望於：「原來可能我們所期待的愛與尊重，對方是沒有能力給我的。」

和階段一相同的，「哀悼」的過程，會讓我們碰到許多自己的脆弱情緒，但和階段一不同的是，當我們今天有機會對著別人說這些事情、心情，而對方能夠理解時，我們的過去、傷就被看見了；當有人告訴我們「這真的不是你的錯」時，這個因羞辱創傷產生的巨大羞恥感，才有機會被放下，傷口也才有機會療癒。

而我們或許才能開始掉眼淚，開始因為理解自己，而替自己說話，這或許都是過去沒有的經驗。

我相信，在這個階段，可能也會有人想要找家人、伴侶或是好友練習。以下是幾個提醒：

■ **請先不要找造成你創傷的對象，期待他能夠跟你道歉，或是承認他對你做了什麼：**

當對方處在防衛狀態時，是很難去理解你的心情，以及承認自己做錯了什麼。你的嘗試，可能會讓你失望，而強化了「對他人更不信任」的負面觀感。

當然，若你覺得這個互相核對、理解，是非常重要的，我會建議你找可靠的家族治療、伴侶治療等心理師，讓你能夠有機會在較安全的環境下，表達你自己。

■ **謹慎評估對象：**

若是你希望和伴侶、好友或其他家人討論，請謹慎評估，對方是否是一個相當支持你、願意理解你的對象。

若你在第一次展開脆弱情緒，但對方因為害怕而拒絕、防衛，試著去跟你說「都過去了。」「這沒什麼。」「你要向前看。」甚至說出「你也太玻璃心。」這些可能都會讓你非常受傷、挫折，甚至影響你對他的信任感與關係。

但請你了解，他們的回覆，很可能只是因為，對他們來說，這個情緒與事件是會讓他們不舒服、甚至害怕的，而面對自己出現不舒服的情緒時，他們可能都是這樣處理。

因此，**這可能只是他們的自我保護機制，而和他們愛不愛你無關。**

小心不要因此陷入你過去的內在負面標籤中。

■ 選擇心理師：

在選擇心理師上，如果你想要討論創傷的議題，我會建議，可選擇學派比較偏向經驗或人本學派，例如個人中心、完形、EFT、創傷知情相關等等，其中，完形、EFT與創傷知情相關學派，我都很推薦。

不過，即使同一學派，不同的心理師風格仍可能相當迴異，因此建議大家可以尊重自己的感受，找到適合自己的心理師。

不過，這類的創傷議題，因為時常與權威有關，因此也可能會造成你和心理師的一些「移情」——也就是過去的創傷經驗與互動關係，可能會出現在你與心理師之間。

試著與自己的心理師討論看看，分享你的感受與心情，讓心理師有機會了解你的狀況。

大部分專業的心理師，都會就這部分給予真誠的回應。

但如果你覺得互動過程中並不舒服，你也已經當面反應、討論過了。那麼，請記得現在的你和以前不一樣，你是個有能力、有資源做選擇的大人，你可以試著讓心理師知道你的需求，讓他為你建議更好的人選。

◇◇◇◇

當然，在與人互動的過程中，都還是有受傷的可能，因為我們不知道對方能不能符合我們的期待。但在這樣的嘗試過程中，其實也是讓我們學會：拿捏自我的期待被滿足、理想化對方，以及了解他人的能力有限的過程。

很多時候，這與他人的**有限**有關，並非是你的錯。當遇到這樣的狀況時，練習不要怪罪到自己身上，才會**減少自己期待找一個「完全可以理解自己」**的「**完美的人**」，不至於發現對方做不到後，又把自己的失望與受傷丟到他身上，而掉進了過去重複性的人生腳本。

小叮嚀

在階段一或階段二，如果可以碰觸自己的情緒時，試著對自己說以下這一段話：

這真的不是你的錯，你已經做到那時候你能做到的最好。你真的辛苦了，謝謝你一直陪著我。我們都好努力，沒有放棄，對不對？真的謝謝你。

這是一個很重要的自我接納。當我們開始能夠理解、接納那時候不被接納的自己，被壓抑的羞恥感才有機會被釋放，不再纏繞著我們、成為我們的詛咒。

階段三：撕下你的負面標籤
——重述屬於你的這個故事

當我們開始接納，並且照顧自己，積累在過往，那些不敢或不能觸碰的情緒，開始獲得理解與釋放，我們就有機會可以用不同的眼光來看過往的經驗與故事。

試著**重新寫下關於這段記憶中，屬於自己的版本**。

例如，關於前面提到小琴的故事，或許可以試著這麼寫：

受傷的我，既害怕又疼痛。那時候，我真的很想要得到媽媽的照顧與安慰。有這樣需求的我，並沒有錯，不管媽媽那時候是因為什麼原因，她對待我的態度，真的讓我受傷了。

我覺得沒有被照顧、沒有被理解，這樣讓我對她失去了信任感與安全感。

即使她可能有困難、可能不是故意的，但我仍然受傷了。這是我真實的感受，我不用掩蓋。

所以，這不是我的錯，不是因為我笨，跌倒了，所以該承受這些，也不是因為我不值得被珍惜。只是當時我能依靠的對象，也只有父母。

即使我的父母在當時罵我、打我，可是那是用他們的角度看到的事情，而不是真正的我做錯了什麼。因為也不是每一個父母，都會因為孩子的這種狀況而打罵小孩，所以那是他們必須承擔的責任，不是我。

所以，這不是我的錯。

當然，現在的我已經長大，很多時候，我可以自己照顧自己。但是，有時候我仍然會需要別人的照顧與幫忙。因為我已經長大，我可以練習分辨，哪些人是我想要幫忙時，他們會願意幫忙我、照顧我；但有的時候，他們依然會有困難，我能夠在他們有困難的時候理解他們，因為我還是有照顧自己的能力，也可以再跟其他安全的對象尋求幫助，不用因為他們一時無法幫助我，而對他們徹底失望。

因為，他們和我在過去事件中經驗到的父母是不同的。他們是他們自己，不是我過去的誰。

試著寫下一段將「內在負面標籤」去除的「稍微客觀」的故事。**如果發現做這件事並不容易，可以試著把自己當成自己的好友，去看這樣的經歷，你會給這位好友什麼回饋**。

當然也有些人，發現要跳出這個框架與感受，並不容易。那麼，請回到階段二，找可信任的對象或心理專業工作者，協助你完成這個階段。

如果有機會完成階段三的新故事，你會發現，自己的內在負面標籤正在慢慢消除中，對於他人的不信任感，以及容易陷入過往的重複性腳本裡的狀況，也會愈來愈有機會破除。

◇◇◇◇

關於內在負面標籤的延伸生存策略會如何展現，有興趣的朋友可以參考《過度努力》，裡面的例子都是受到羞辱創傷的人們，他們的生存策略展現，如何影響他們的生活，以及之後的修復之旅。

此處對照《過度努力》，整理出關於「內在負面標籤」的因應生存策略（如下表），做為階段三「撕除負面標籤」的參考。

內在負面標籤	因應的生存策略
我是會被拋棄的、不被愛的	要有用才會被愛 沒有人能依靠，只能靠自己
我是不重要的、比不上別人的	追求贏的感覺、習慣比較與競爭
我是不夠好的、別人都不會滿意	怕犯錯、怕被批評 完美主義、要符合他人期待
我的感覺是不重要的、別人不會懂的	失去感覺、隔離情緒 不要和別人太靠近、難以親近
都是我的錯	過度負責、討好、照顧別人

階段四：情緒調節的練習與重新建立

——面對情緒重現，我可以怎麼做？

階段四的「情緒調節重新建立」，我認為可以在任何一個階段就練習，不一定要等到前面三個階段都完成後才能做。

因為這個練習，是直接能夠安撫我們的情緒，減低我們的焦慮與刺激，讓「情緒重現」的災難性感受可以降低的重要步驟。

但還是提醒大家，書籍與自助方式是有幫助的，不過，若你的創傷或情緒重現狀況太頻繁、太猛烈，甚至影響到你的日常生活，或是與他人的互動，請務必要尋求專業的協助，才能針對你的狀態，做更全面的調整。

◇◇◇◇

在情緒重現時，因為感受太可怕，會引發起我們的焦慮，讓我們想要趕快找一些方法解決這個「情緒重現」。

有些人會用壓抑、隔離，有些人會用「立刻做些什麼」，例如在人際中討好他人、不停說話、照顧別人、挑剔或攻擊他人、控制貶低別人等，也有些人，可能會選擇逃到藥物、酒精、購物、食物、工作裡等。

不過，當我們有機會可以與自己的「情緒重現」相處，甚至安撫，我們才有機會「選擇」最適合自己，並且有效的情緒調節方式，而不會下意識、沒有選擇地，每次都逃到同一個地方，或是用具有傷害性的方式調節自己的情緒。

要如何改變原本的情緒調節方式嗎？以下是幾個提醒。

當情緒上來時：

◆停一下：

◎如果正在壓力情境中，找個機會先暫時離開現場，或是腦中放空，讓自己可以不用一直停在「壓力下的焦慮」裡。

◎**一邊深呼吸，一邊告訴自己：「撐得住」這個情緒，並拍拍自己，跟自己說：「現在的自己是安全的」**。

◎深呼吸時，如果有餘裕，可以試著做一些安撫自己的事。例如撫摸自己的手，抱著舒適的抱枕與布偶，或是嗅聞自己喜歡的味道的精油、觀看自己喜歡的物品，甚至洗把臉、握住冰水等。

平時可以留意自己哪一個感官比較敏感，可以準備幾個小方法做「自我安撫」，以此讓自己的身心恢復到比較舒服的狀態。

◆**覺察：**

當情緒平靜下來之後，試著問問自己：

◎這個感受是什麼，為什麼會出現這個感受？

◎是因為對方做的事情，讓我有這種感受？還是因為他引發了我的過去創傷經驗？

◆確認是現在，還是過去？

◎如果是因為「現在」的經驗，也就是我真的遇到了很糟糕、會傷害我的事。那麼，我可以再問自己：「現在出現的情緒是什麼？」如果是憤怒、羞恥感等，我需要再問問自己：「發生的事情真的需要感到羞恥嗎？還是因為勾起了我過往的情緒？」

◎如果是因為勾起過往的創傷情緒，那麼，試著做個分辨，並且**停下來跟自己說：「現在的哪些心情是過去造成的，不是我的現在，我可以放心。」**然後先把過往的情緒暫時放著，等到回家之後，在安全的時空中，試著用階段一到三，再重新回顧整理。

◎如果是現在的經驗就足以讓你不舒服，問自己：出現了這個情緒之後，讓你對自己、對他有什麼感受、想法，而這個感受與想法，促使你想怎麼做。

◎在這過程中，**不批評任何的情緒，就讓自己隨著情緒流動、感受**。記得告訴自己：「我撐得住，不會發生什麼壞事。我有這些情緒，都是正常的。」

小叮嚀

「停一下」的這個步驟，可能是一開始最不容易，卻是最重要的部分。

因為它是打破我們每次遇到「情緒重現」，就會使用「僵化的防衛機轉或生存策略」的重要步驟，讓我們可以有機會培養自己調節情緒的「第二種因應方法」。

因此，在「停一下」這個步驟中，我還有以下的小方法與大家分享，讓大家可以試看看，哪一個能夠有效協助你。

例如：

■擁抱自己或他人。

■擁抱、撫摸玩偶。

■練習安慰自己、說一些打氣的話。

■書寫、畫畫、捏黏土等。

■正念呼吸。

■運動。

■洗把臉、洗澡。

■ 先喝有點溫度的水，冰水、熱水皆可，讓你能夠舒緩。
■ 拿你喜歡的東西，好好端詳。
■ 聽讓你舒服的音樂。
■ 泡澡。

總之，先做一件事情，讓你有機會安靜下來，覺得舒服、有安全感、有力量，而不要馬上選擇去做會上癮，或是可能破壞關係與自我觀感的事。請盡可能找到屬於可以安撫你的小方法，成為你自己的解咒劑。

情緒重現造成的關係傷害與信任重建：重新當自己的父母

因為「情緒重現」所造成的恐懼與傷害性極大，有些時候，你可能經驗過這個「情緒重現」對你、對關係造成的傷害，因此會讓你非常害怕這個感覺，甚至厭惡會出現這種情況的自己。

或者，你可能會用你父母，或是過去對你很嚴格、傷害過你的人的方式，來對待、羞辱你自己，責備自己，這樣是不對的、不好的。

我在這裡想要邀請你，在「情緒重現」時，練習做這些事：

- 告訴自己：有這個情緒是正常的，但不是你的錯。
- 不評判、不批評，如其所是的接納自己的情緒。
- **給自己拍拍，告訴自己真的沒事。用你會安慰朋友的方式安慰自己**。
- 提醒自己：「**你真的很安全，別人不會因為這樣就不愛你。**」如果發現自己對自己說這些話，並不容易相信，試著心中想一個會讓你覺得安心的人，例如你的朋友、伴侶、親近的人，或是心理師，然後問問你自己：「如果是他聽到我的害怕與擔心，他會怎麼說。」

這其實就是**簡單的建立自我安全感的方法**。當我們能夠多加練習，才有機會破除我們內心習慣性的創傷思考模式。

而在這樣的練習下，「情緒重現」的情緒海嘯，有機會愈來愈低，也不再會那麼容易與我們內在負面標籤、創傷思考模式做呼應。

那麼，當它的殺傷力下降，我們就愈來愈了解如何與其相處，不再如此害怕。對自己的羞恥感與厭惡感，也會因而慢慢減緩。

小叮嚀

學會喚起安全感的方式。

■ **護法咒：**

請好友或可信任的人錄一段話，或是寫一段話送你。

你可以寫在小卡上，或是錄在手機裡，當你「情緒重現」時，就可以拿出來聽一下。

那就是讓你破除「情緒重現」這個催狂魔的「護法咒」。保護你，讓你記得是有人愛你的、在乎你的，讓你可以一起帶著這個力量來保護自己。

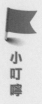

■**安全堡壘：**

在家裡，或是辦公桌等，準備一些讓你覺得被愛、覺得安全的小象徵物、小禮物，以及布置一個可以讓自己看到就會覺得被愛、覺得安全的小角落。在情緒重現時，可以躲在那裡、看到這個物品或握著它，以此給予自己力量。**讓自己可以想起自己是被愛的，以及提醒自己是有力量、可忍耐的。**

階段五：與唱衰魔人對話

在前面四個階段裡，我們等於在跳脫過往習慣的創傷情緒處理模式，努力想要開始建立一個新的「生活適應模式」。不過，我們內在的「自厭懲罰」，也就是「自我批評／自我怪罪」，時常會跑出來阻止我們新模式的進行。在這裡，我想把它稱呼為「唱衰魔人」。

你的「唱衰魔人」，可能會在你有情緒、想去感受時，跟你說：

「還好吧？這又沒什麼。」「你也太玻璃心了⋯⋯」「你要是這麼容易有情緒，抗壓性太低，大家都會覺得你有問題。」

也有可能，當你想要自我照顧，想要練習當自己的父母，拍拍、安慰自己時，唱衰魔人會在這個時候跑出來說：

「沒有用啦，做這種事可以幹麼。」「別人又不會這樣對你，你這樣不是騙自己嗎？」「你對自己太好了啦……」

或是在你感受對別人的生氣時，唱衰魔人又跑出來跟你唱反調：「唉唷，別人也是有苦處的。」「不用這麼放大這些事吧，有那麼嚴重嗎？」「你這樣也太自以為是了吧……」

甚至，在你做錯事時，他會跑出來說：「天啊，你好丟臉！」「大家都在笑你了！」「每個人一定都會在心裡批評你的錯，說不定還會私下討論……」

平等、尊重地跟唱衰魔人對話

你的「唱衰魔人」，可能會以各種樣貌，呈現在你進行這些創傷的自我療癒階段，甚至繼續出現在你的生活中。

我想要邀請你，當你的「唱衰魔人」又開始阻止你的新模式建立時，先停下來，跟他開始對話。

如果你願意，也可以為他選擇一個象徵物、一個布偶。然後，遇到唱衰魔人又出來時，不要再像小孩一樣，被他追著打。

請你記得，你已經長大了。把自己放回大人的位置，平等、尊重地跟他對話吧！

例如：

當唱衰魔人說：「碰情緒有什麼用，這東西又不重要。」的時候，**你可以試著跟他對話**

「可是，對我現在很重要。因為我真的想知道我的感受是什麼，它可以幫助我理解自己、理解我的需求。」甚至可以問問他：「為什麼你覺得不重要呢？」

也許，他會這樣回你：「因為沒有用啊！就算知道自己的情緒，又沒有人會重視，不會改變什麼。」

那你就可以告訴他：「以前可能沒有用，可能沒有人會重視，但現在我很重視。我已經長大了，知道我的情緒，可以讓我保護自己，也可以讓我做判斷，知道要怎麼做，才會讓我跟他人之間不會受傷、比較舒服。」

然後，你可以試著跟他說：「請你相信我，我們一起試試看，好嗎？」

很多時刻，唱衰魔人是想保護我們

或許到這裡，大家已經稍微發現，「唱衰魔人」有點像是過去那個受傷的我們，所創造出來一個保護自己的「糾察隊」。

這個糾察隊，可能融合了過去羞辱、批評我們的人說的話，也可能包含了我們的內在負面標籤與對世界的看法。

他帶著很多傷、憤世嫉俗，講話很尖銳、很難聽。但是，他的目的，其實很多時候，是想保護我們。

只是，他就像是我們內建的那個——總是在嫌小孩，但是誤以為「我是為你好」的父母。很多時候，他內化了那些羞辱創傷的記憶，反而會對我們「戳好、戳滿」，讓我們更加受傷、難受。

雖然他是希望藉由這種方式，讓我們不會無知地面對這個世界、遭受世界的攻擊，但他卻沒發現，**他對我們自身的攻擊，比這個世界的攻擊還多**。

所以，請試著跟你的「唱衰魔人」建立關係。讓他也對你產生一些同理心，這其實也是「自我悲憫」的一部分，讓你有機會和唱衰魔人開始進行對你有幫助的對話。

當你跟他關係變好，試著理解他（也就是理解你自己）內心害怕再受傷的恐懼感受時，並開始試著安撫他，鼓勵他相信你，或是邀請他幫助你，給你一些意見與想法。

你會在這對話中慢慢發現：原來他並不是只會批評我，有些時候，他其實也是有幫助的，並非只是找你麻煩而已。

例如，當你要準備一個很重要的會議、演講、比賽或表演，唱衰魔人可能會趁著你焦慮的情緒，跑出來碎碎念：

「這個會議很重要，你真的可以嗎？」

「你真的能夠在這麼多人面前演講嗎？你會不會出糗？大家會不會不想聽？」

「比賽或表演會不會發生什麼意外的事情……」

這時候，請不要無視他，試著轉身跟他說說話——

你：「嘿，老友，你現在在擔心什麼？」

唱衰魔人：「我就是怕不好的事情發生啊。我怕你準備不夠、怕你被別人笑、怕有壞事發生……」

你：「謝謝你擔心我。那麼，我們來想一下，有哪些擔心，是我現在可以解決的？看起來，『準備不夠』這部分，我好像可以看看，我還能再做些什麼。這樣你覺得好嗎？」

唱衰魔人表示：「……」

建立「自我安撫」與「溫柔的講話方式」

一旦你開始習慣常常跟他對話，你會發現，有時候他的提醒並非沒有意義，而有些可能是過度批評與焦慮，與現實不符。

你需要經由一次又一次的對話，提醒他（還有你自己）你現在擁有怎樣的能力，以及現在外在的環境或許沒有過去這麼危險，而你是有力量可以選擇的人，因此，他不用那麼擔心。

於是，在一次次的對話與了解之後，你會發現，唱衰魔人其實沒那麼討厭，因為他與你過往的創傷經驗中傷害你的人是不同的。

他是你創造出來，想要試著學外面的「生存規則」來提醒你、保護你的好夥伴。只是，他時常用錯方法，使用過於尖銳的說話習慣。

因為，他從來沒有經驗過溫柔的對待。因此，邀請你從現在開始，試著教他怎麼冷靜下來、不要太緊張，還有教他怎麼溫柔地說話。這就是你替自己建立「自我安撫」與「溫柔的講話方式」的兩種重要的自我對待的模式。

當你開始能對自己溫柔，可以安撫自己，你與他人的互動關係，也會慢慢變得不同。

如此，我們就可以進入下一個階段：與人互動。

階段六：與人互動

與他人的關係——建立親密

在前面的階段一到階段五，其實是在做兩件最重要的事：

- **和自我建立關係：**增加對自我的信任感、安全感、悅納感。
- **學會自我安慰與溫柔的自我對待：**正常化自己的「情緒重現」，並且讓自己在「情緒重現」時，可以找到適合的方式，安撫自己的心。

當我們可以建立與自我的關係，能理解自己的創傷、安撫自己的情緒，我們才能夠在與他人的互動裡，重拾對人與世界的信任感，合理看待我的「現在」，甚至有機會展現脆弱、被接納，而後，我們才會相信真正的自己能夠被愛。

事實上，**能否愛人與被愛，也就是能否與人建立親密，和我們的自我接納程度有關**。所謂的「自我接納程度」，代表兩個重要的部分：對「世界與他人的信任感」，以及「覺得自己是否『有資格』得到他人照顧」，也就是「我能依靠你嗎？」與「我值得被愛嗎？」[1]而這兩個部分，正與前文提到的「我對世界、他人的信任感」及「內在負面標籤」有關。

因此，當我們能夠在前面的階段一到五，慢慢建立起和自己新的關係、新的看待時，我們就能夠撕下自己的內在負面標籤，增加對自我的信任感與安全感，我們就有機會不那麼害怕受傷，拚命地隱藏或保護自己，而願意向別人開放，與他人建立親密關係。

當我們失去學習建立親密的機會……

不過，對於受過羞辱創傷的人而言，陌生的「他人」其實是危險的、會傷害自己的；甚至，要讓自己變得去依靠、求助他人，這就是會讓自己產生羞恥感、罪惡感與自我怪罪的事情。

因此，可能有很多受創的人們，會因為害怕他人的拒絕、不接納或傷害，也可能是擔心這樣做的自己「是糟糕的」，而逼迫自己必須「完全地」獨立自主，不可以依靠別人，一絲一毫都不行。

可是，這種思考與行動的僵化，是自我保護的反射動作，卻也造成與他人無法有機會建立進一步的親密，甚至無法讓人展現對我們的愛。

◇◇◇◇

我曾有這樣的經驗：

在我轉行念心理諮商，成為心理師後，度過一段很不容易的時光，也經驗到許多人的不看好、不支持與不認同，我並沒有機會獲得很多支持與幫助。因此，好長一段時間，我習慣讓自己變得「有用」、「可依靠」、「能力好」來獲得掌控感與安全感。

因為，靠山山倒，靠人人跑，唯有靠自己是最安全、且感覺最好。我不用因為別人的不幫助而覺得失望、受傷，也不用因為自己的無能或無力感，因而感受到羞恥、丟臉、自己很糟糕。

後來我在工作與生活中，出現了一個很大的挫折與低潮。但當時的我非常幸運，身邊有一群好夥伴，大家幫助我度過了那個難關。

其中，我非常要好的朋友，跟我說了一段很感人的話：

「你真的不用一直很有用。不管你有沒有用，我們都很愛你。」

記得聽到這句話的我，第一個反應不是感動得痛哭流涕，而是害怕地自我防衛。

當時的我，忍不住脫口而出：「但是，如果我沒有用，先不管你們愛不愛我，**我自己就受不了自己這個樣子。**」

說出這句話的我，連自己都嚇了一大跳。

◇◇◇◇

我忍不住自問：「我不是最希望被接納、被理解，希望可以不用總是要符合別人的期待、為了別人那麼努力；而現在，好友說的這句話，不就是我最想要的東西嗎？為什麼我不接受呢？」

後來我才發現，當我沒辦法接納「自己是值得被照顧、被愛」的時候，我對自我是否

「有資格被愛」會十分質疑，連帶著，我就會質疑身邊的人所給我的愛。

也就是說，如果我覺得自己不值得、還是用負面眼光看著自己、用負面標籤貼在自己身上，**就算有我很想要的愛與接納在我面前，我也無法接受**。

我會僵化地守著「獨立自主就是好的」這個信念，而無法接受自己有需要被幫助、需要依賴的可能。

但實際上，**「獨立自主」與「依賴別人」不是非黑即白，而是可以彈性調整的**。

因為，當我們能夠在需要依賴時，願意讓別人看到我們的脆弱面、願意依賴別人，也能夠在自己做得到時，照顧自己與他人，這樣的彈性，才是我們在與他人建立親密關係時，最為安全的距離。

◇◇◇◇

當然，在展現脆弱或是尋求協助時，我們有可能被拒絕，但那也很好。

因為，如果我們已經有足夠的自我接納，就有機會從這些拒絕中，分辨「哪些人是因為暫時有困難」或「哪些人是因為覺得我不值得」，於是，我們就可以選擇想要親近的人，篩選掉那些可能只想要依靠我們的照顧，甚至利用我們能力的人。

而當然，我們也有機會從展現脆弱與尋求幫助的過程中，感受到有些人是很願意協助、照顧我們的，而我們會從他們的行動中，感受到「我是值得的」與「他是愛我的」。

這正是我們重建對這個世界的信任感，與增加自我悅納感的最棒禮物。

◇◇◇◇

當然，**在與他人建立親密時**，我們是需要冒險的，有時候，**可能還是會受點傷**。

不過，當我們對自我接納的程度愈高，愈懂得自我保護與選擇；當我們愈來愈清楚，不需要把別人對待我們的方式，當成是自己的問題時，我們就不會因為承擔過多不屬於自己的責任而傷痛，也會因為這樣的自我肯定而愈來愈強壯。偶爾因為冒險而出現的擦傷，我們也多半承受得住。

我很喜歡張曉風老師散文集裡的一句話：

「受傷，這種事是有的——但是你要保持一個完完整整不受傷的自己做什麼用呢？你非要把你自己保衛得好好的不可嗎？」[2]

當我們夠強壯了，願意勇敢冒險了，我們才會知道，原來這些我們承受得起。而**愛，是冒險過後，得到的禮物**。

如何建立健康的親密關係？——學會建立界限與尊重彼此

當我們想從自己過往的創傷復原時，**最大的重點，是要不停地覺察自己**。因為過往的防衛機轉而學會的迎合、逃避、攻擊或隔離情緒，以及注意不要模仿過往在創傷中被對待的方式，而用以對待別人。

但是，當我們在過去不被允許為自己做些什麼來保護自己，我們會害怕衝突，不習慣說出自己的感受與需求，無法建立界限。

「無法建立界限」是雙面刃：當我們無法建立，其實也很難允許別人建立。特別是親密的人，我們會覺得：我都這樣對你，為什麼你這樣對我？

把自己關起來，不是建立界限，是**築碉堡把自己困住**，那並非建立關係的好方式。實際上，界限是彈性的、可表達、可理解，當然，也是可調整的。

◆學會建立界限

◎關於界限的迷思

在我前面的幾本著作，談到「情緒界限」時，都曾談到「**他的情緒不是你的責任**」，也就是「情緒獨立」的概念，這也是「情緒界限」最基本的概念：

「我可以有自己的情緒，而你也可以。如果我有做了什麼事讓你不開心，我們可以討論，可以試著理解為什麼你會不開心，可是我不用因此『必須』背負要讓你開心的責任，而逼迫自己要按照你的方式去做。」

也就是說，**我可以去理解你為什麼不開心，可以和你同在，可以不勉強你馬上要好起來。但是，如果你希望我改變，而讓你開心的事情，是我不容易做到的，那麼我也希望你可以尊重我。**

不過，關於這樣的概念，在剛分享之初，很多人是無法接受的。

有些人認為，「別人的情緒不是自己的責任」這句話很不負責，好像你做了什麼，別人會不開心，那都是別人的事一樣。

在親密關係中，更容易出現這樣的「迷思」：如果我的情緒對你沒有影響力，你要我自己負責，那是不是代表著你不在乎我了，要離我遠遠的？

特別是，在我們的文化裡，「情緒界限模糊」，也就是：我會為了你的情緒去做許多調整與改變，甚至委屈自己，這是一種認同，也是一種愛。因此，當傳達「你的情緒是你的責任」時，似乎就跟宣告「我們之間沒有關係」、「那是你自己的問題，你要想辦法解決」一樣的意思。

但這兩者是一樣的嗎？

當然不是。（這句話很重要，拜託默念三遍。）

「別人的情緒不是我的責任」，在親密關係中，這句話的意思是：

我還是想要理解你、了解你為什麼會這樣。可是我會有我的困難，可能沒辦法做到能讓你情緒變好的事，因此我可以陪著你。你仍然對我很重要，但那不代表我一定要委屈我自己，去勉強自己做我不想做的事。

這就是**「情緒界限」的真義：我們是親密的，卻又是自主的**。

甚至，我不一定認同你的情緒、決定與想法，但是我會想聽、想理解，而我也尊重你。因為你是你，因為我愛你。

因為尊重，所以我不會要求你改變調整。我會告訴你，我的困難、我的需求，由你決定要怎麼做。但相同的，我也希望你能夠尊重我，不要勉強我一定要按照你的方式去做；你一樣可以表達你的感受、需求與困難，可是，我能夠有選擇。

而你不會因為我的選擇，就認為我不重視你或不愛你。你願意聆聽我、理解我，能夠懂我的困難，尊重我的選擇。

我認為，這才是情緒界限的真諦。

◇◇◇◇

分享該怎麼做到情緒界限，其實是容易的；但難就難在，我們要如何表現出界限，而不會變得冷淡、難以親近，或是因而引發我們的罪惡感與羞恥感。

我們需要記得，建立界限，不僅僅是為了我們自己，也是為了保護關係。因為唯有我們都能夠擁有自主的權利，這個親密，才不會讓我們彼此有壓力。

◆建立界限的練習三步驟

◎停

當你與他人互動，出現不舒服的感覺時，先意識你的感受，不要馬上以你的「防衛機轉」或「生存策略」去反應。

通常面對這種不舒服時，「焦慮」是最先感受到的情緒。這個焦慮就會促使你的「防衛機轉」——例如討好、先答應再說、生氣……等反射性出現。

要打破這個循環，**請先讓自己平常多設立一點「軟釘子」**，例如先拖延、說：「我需要想想，再回應你」等，讓自己可以找個理由，離開現場。

但不要立刻按照對方的期待或需求去做，也不要立刻就覺得對方是惡意侵犯你的界限。

◎看

同理自己

找一個空間，讓自己有機會檢視一下剛剛發生的事情：

「我覺得剛剛他說的話／對待我的方式／他的要求讓我不舒服，是因為這個舉動真的不尊重／壓迫／傷害我，還是因為他的舉動，讓我想起曾經讓我不舒服的感受？或是，是否我對他的舉動做了太多的解釋？」

如果你發現你很難做分辨，你可以想想：「如果今天是朋友告訴我，他遇到這件事，我是否也會覺得這很不妥？也會有類似的感受？」或者，你也可以考慮與朋友、身邊的人討論這樣的事情，觀察他們的反應，你的感覺會更加明確。

當然，有的時候，你的感覺沒有任何人可以替代。但在詢問他人的過程，你可以深入去問「我有這種感覺的原因是什麼」，也會幫助你理解自己出現這種感覺的原因，而更清楚這個感受其來有自。

試著去理解自己的感覺與緣由，練習對自己說出感受而不批判。接受「我的感受就是如此，雖然我還不知道『是否合理』」，特別是你要捨棄舊標準、建立新標準的過渡期，會讓你時常擔心是否合理。

在這時候，我邀請你先不用擔心這部分，而是**先接納你的情緒，接受「它現在就是這個樣子」**。你會發現原本高漲的情緒，可能會因此愈來愈下降，而你仍然知道你的感受是什麼，並未壓抑。

如果是他人的要求，這時候正是讓我們好好問問自己：「這個要求對我是合理的嗎？我想答應嗎？」好好問問自己真正的感受與需求。

當我們愈了解，並且不批判地接納自己的情緒與感受，我們也會更能夠碰觸自己的情緒，不再如此害怕失控。

同理他人

當你了解自己的情緒，也接受它，你會比較有能力去換個角度，理解他人的感受與舉動代表的意義。

有些人對於別人的感受或痛苦，會覺得憤怒、生氣。如果你會有這種感覺，可以問問自己：

「是不是我覺得自己更痛苦、更難受，我都沒有表達、都在忍耐，為什麼這些人可以這麼任性地表達自己、說出自己的需求，要我配合他？」

實際上，當你不能接受自己的痛苦，而認為自己「應該」要做到些什麼時，面對可以跟你有不同選擇的人，你會覺得不公平而憤怒，是很正常的。

因此，前面**「同理自己」的步驟非常重要**：因為一旦你無法了解自己的痛苦，你就不能理解別人的感受，而若無法理解別人，在返回要跟對方溝通的過程中，就容易遇到困難。

當別人表達出自己的感受或情緒，而你時常覺得「應該」要回應、要滿足對方時，對於別人的感受與情緒，你很可能就會覺得生氣、被束縛。

提醒自己，並沒有「非得要回應、要滿足對方」。**學著先讓自己停一下，了解自己「願意」、「想要」回應多少，並且讓自己「有意識的選擇」**，決定想要回應的部分，這是我們學著「尊重自己的意願」，重獲「人生掌控權」的重要關鍵。

◎應

當你發現：「我會有不舒服的感覺，的確是因為對方做的行為不尊重我」，那麼「如何向對方表達你感覺到的不舒服」，就是你可以重新思考、練習的部分。

若你發現：其實對方的行為並不過分，只是因為他之前做過讓你不舒服的事情，或者是你以前遇過類似不舒服的事，使得你一朝被蛇咬，十年怕草繩，這時候，**練習分辨「現在的感覺」或是「過去的經驗」就非常重要**。如此，你的憤怒、反應才不會過度，而造成彼此關係中的傷害。

若有時間，回到前面的療癒階段一到五，藉由階段一開始看這件事，也更能釐清。

當你面對他人的感受與需求，經過了「看」的步驟，覺得自己「想要」有限的回應，可以試著做看看。若你覺得現在的你「不想要回應」，也請練習說自己的困難，並且拒絕對方。

◇◇◇◇

上述「停、看、應」的步驟很需要長時間的練習、調整，請多給自己一些時間。

當暫時沒辦法做到時，請不要太過嚴苛地責備自己，因為「頭腦都知道，但內心做不到」是我們最常遭遇的困難。那些過往沒被安撫、療癒的情緒，會在壓力狀態下跑出來幫我們做決定，甚至讓我們下意識地做出與過往相同的選擇，這都是非常正常的。

練習愈來愈了解自己、給自己一些勇氣。先從「尊重自己的意願」開始，一點一滴地調整；**當你感受到自己的變化時，請給自己一點鼓勵，這是你努力面對自己所得來的成果。**

◆學習尊重：尊重自我與他人

面對開始療癒的過程中，當我們開始看到自己的傷口，過往壓抑的憤怒與對不公平對待而受傷的感受，有時會全部爆發出來，使得我們會對周遭的人，甚至造成我們羞辱創傷的人，有著極大、難以消化的情緒。

在這一種情況時，我們會帶著這樣的情緒面對周遭的人，特別是造成我們的羞辱創傷者。我們可能會對於他人不能理解我們的感受，甚至不願意認領回對方丟到我們身上的羞恥感而憤憤不平、痛苦不堪。

但我們必須要清楚一件事：

不管他們願不願意承認，這個創傷被我看見之後，我的感受就是事實。

當他們願意承認對我們所造成的傷害時，那很好，但那代表的並非是我的創傷可以療癒得更快，而是代表著：

我們之間的關係，有機會在這樣的理解下，讓彼此產生新的、不具有傷害性的互動。我不見得需要與對方多親密，但是這能讓我們都**跳出**如當初的羞辱創傷互動循環。

而這樣的改變，會讓我的生存策略不再有如此的必要性，也會讓我內在的負面標籤，更有撕下的可能。

當他們不願意承認這些傷害，甚至指責是因為我們太敏感，想要怪罪於他們時，我們仍能尊重他們的看法，但我們也尊重我們自己。

意思是：原來你是這樣想的。不過，我的想法與你不同。我認為這個情況傷害我了，不管你有什麼理由。

◇◇◇◇

而當他們用盡全力要捍衛自己的安全感，只願堅守「自己絕對沒有錯」或「你的感覺是錯的」，而無意理解你的感受、與你做任何澄清時，你可以選擇要和對方建立怎樣的關係，保持怎樣的距離，而不受到傷害。

畢竟，**你的感受，不需要經由對方的肯定才能存在，而接納自己的傷痛，是接納自己、建立穩固自我的第一步**。

當然，也會有人經歷過，與他人的關係中自認沒有做什麼傷害性的行為，也對對方解釋過，但或許你們彼此的互動引發了對方過往的創傷，而對方認為這都是你的錯。

我認為，這件事是很容易發生的，特別是當我們開始拿回自己的感受時，要分辨這個傷痛是「現在的事情造成」，還是「過去的創傷未癒」所引發，其實是非常不容易的。

因為對於受過羞辱創傷者而言，要接受若是「過去的創傷未癒」，似乎要面對「現在會有這個感覺」是因為我自己的「問題」，而非「別人真的對我做了什麼」；但對於尚未把自我建立穩固，還對自我有許多的懷疑的人們而言，要承擔起一個這樣的責任，那就是「因為我傷還沒好，所以別人跟我的互動，我有時會過度放大那些負面感受」，是一件很恐怖的事情。

因為對於還卡在內在負面標籤的人們而言，去承擔這個責任，很容易跟「都是我的錯」、「是我不好」、「我好糟糕」等這些感覺扣連，引發極大的羞恥感與自我厭惡感，而對於仍然脆弱的自我來說，承擔這些是很可怕的，因此會出現習慣性的防衛行為，那就是：「都是別人的錯」、「是我被虧待了」。

因此，去承擔自己的責任，以及建立穩固的自我、去掉羞恥的內在負面標籤，這兩件事必須並行。

1 自我接納程度與建立親密之關聯性，參考自《情緒取向治療全解析》，蘇珊・強森博士著，劉婷譯，張老師文化出版。

2 張曉風散文集。《只因為年輕啊》，化學工業出版社。

當我有羞辱創傷，怎麼做，才不會延續？

當我發現內在的負面標籤——練習與覺察

當你開始發現自己內在負面標籤的影響時，讓自己有機會開始練習療癒六階段，可以有機會讓你內在的負面標籤慢慢弱化。

不過，誠實地說，有些時候，要釐清情緒與面對創傷，是一件很不容易的事，因此身邊有可支持的人、可信任的心理師，是能夠幫助你更勇敢探索、認識自己，並且可以嘗試幫自己建立新模式的關鍵。

當你對療癒六階段愈來愈熟悉，可以練習應用在生活中，也就是當你一發現自己在與他人互動，感受到不舒服的感覺時，找個機會，讓自己可以停一下、獨處一下。

例如，去茶水間喝個水、去個洗手間……讓自己可以處在稍微安靜、獨立的小空間，再問問自己：「剛剛我覺得不舒服，是為什麼呢？剛剛的互動發生什麼事？」當你可以這樣問自己時，你的情緒會愈來愈清楚。

有些時候，你也會知道剛剛那個互動，是否造成了你一小段的情緒重現，或是勾起了你的內在負面標籤，甚至是對人的不信任感。

覺察到這部分，之後有時間，就可以簡單地做階段一到五，讓自己有機會辨識「現在」與「過去」的不同，提醒現在的你，是擁有力量、可以選擇的；然後在階段六，找尋一個可以建立界限的好方法。

並且安撫自己：**「現在的我，可以重視我的感受與需求。選擇一個不一定要起衝突，但也能不委屈我自己的互動方法。」**

當你愈常練習，會發現你對自己的情緒敏感度愈來愈高，也會對與別人互動為何會勾起自己的反應理解更多，你也愈能安撫自己的情緒重現。

如此，你會發現在這樣的過程中，情緒重現與內在負面標籤雖然還是會出現影響你，但你會更知道怎麼處理與安慰、安撫自己，因此，它們出現的時間就會更短，你的掌控感也就會更高。

如此，你的防衛機轉與生存策略也會不再「自動化」，因為現在你有新的方法可以安撫自己，幫助自己冷靜、感到安全後，再視「現在」的情況，選擇對你最好的方法。

當我發現我將羞辱創傷丟到別人身上

有時候，羞辱創傷不只會侵蝕我們的身心，如果我們沒有練習辨識，我們很有可能把這個羞辱創傷所造成的傷害，投射到別人身上，讓別人承擔這個羞辱創傷的責任。

以下，我列出四種常見的防衛機轉所造成的四種不同生存策略。如果你是其中一種，你可以如何意識，並調整你的情緒重現與生存策略，減少其對自我與關係的傷害。

◆只有我是對的：自戀控制者與指責攻擊者的新關係模式建立

遭遇創傷、面對壓力時，多以「戰」的方式做為防衛機轉的人，生存策略大多為自戀控制或指責攻擊，也就是在關係中，可能會藉由指責攻擊、控制他人，來滿足自己的安全感與被愛的需求。

需要留意的是，雖然「自戀」在很多時候，似乎不是太過正面的用詞。但我這裡所使用的「自戀」，意思是：「我需要維持我自己的自我感覺良好，來幫助自己不被這個世界傷害，我也才能強壯。」

因此，這個自戀不一定是不好的，很可能因為這個自戀，讓這個人能夠在遭受創傷後，仍能努力維持自己的「好」，例如增進自己的能力、追求勝利與成就、維持外貌與談吐出眾……這種追求各方面的「控制感」，可以讓他們自我感覺良好，就能幫助他們擺脫因羞辱創傷的情緒重現所造成的內在負面標籤。

只是，這種自戀與控制，在面對自己內心的匱乏時，很可能沒有注意到是因為過往的創傷，而誤以為是身邊的人們給予的愛與關注不夠，因此可能會成為指責攻擊者。

面對這種對愛的需求與失望，習慣「控制全場」的他們，也很有可能藉由「控制他人」

的方式，來增加自己對愛的掌控感與安全感。

只是，在這樣的「努力」之下，很有可能會傷害自己與他人的關係。而這種「控制」得來的愛，也會有「得到他的人，得不到他的心」的失落感，但**因為過於害怕、焦慮，使得自己很容易掉進這種「控制的愛」的關係惡性循環中**。

這樣的情況，常會在「情緒勒索／心理控制」的關係中看到。如果我們沒有發現：利用別人來滿足自己內心的不安與需求，其實是具有傷害性的，就像我以前被對待的那樣；我們就很容易會這樣對待別人。

因此，為了減少這種「抓交替」的過程，如果你發現自己可能是偏向「自戀控制／指責攻擊者」，可以試著這樣做：

◎冷靜三步驟：練習覺察、安撫出現的負面感受與情緒，再想下一步

要開始學習「停下來感受自己的情緒」，是讓自己打破這個互動循環的第一步。當然，這就與前面提的「療癒六階段」有關。我們需要學會停下來覺察自己的負面情緒，我們才會知道它想要告訴我們什麼。

例如：

以親子關係而言，若你是父母，當你很希望孩子回家與你相聚，但孩子卻打電話回來說因為要工作，不能回家時，原本你的習慣是指責對方不夠孝順、不想回家，但這次，我想邀請你先做這三件事：

■ 反應前，先停一下。

■ **指責對方前，先問自己要達到什麼目的，並試著表達自己的需要。**

■ 尊重每個人的自主權：**拒絕，不代表不愛你。**

◎反應前，先停一下

先不馬上反應，而是停下來先覺察你的情緒。或是寫下來後，再決定下一步怎麼做。

可以先含糊地回：「知道了。」掛上電話之後，釐清內在的情緒：

「我覺得好失望。我其實等了好久，他居然就不回家。」

「我好難過。是不是對他來說，外面的世界比我還重要？」

「孩子是不是不愛我呢？」

做這個情緒覺察練習時，可以讓自己去意識到自己真正害怕的事情是什麼，辨識自己內在的負面標籤，還有哪些情緒是過去、哪些情緒是現在，並且學會安撫自己的情緒。

以這個例子而言，當我寫出自己的情緒之後，我可以問問自己：

「所以，我其實害怕的是，孩子不是不能回家，而是不想回家。我覺得只要他覺得很重要，他應該會想盡辦法回家才對。」

如此，如果前面療癒階段一到五的部分有做，你可能會發現自己的內在負面標籤「我是不被愛的，是被拋棄的」與「我是不重要的」和你的唱衰魔人應和，影響了你現在的情緒，也會讓你立刻想要指責、要求對方按照你的方式去做。

這時候，請你先試著安撫自己，告訴自己說：

「是他有困難，而不是因為我不重要，或是他不愛我。」

「我在他的年紀，其實也得多花一些時間在工作跟外面的世界上，因為這個年紀正是探索世界的年紀。」

「不過，他說他不回來，我的確是覺得很失望，因為我真的很想念他。」

於是，**你就會知道，你的「覺得我不重要」所引發的憤怒與攻擊，是過去的創傷造成。但你的現在，其實是聽到他不回來的失落與失望，以及你的想念。**

◎指責前，先問自己的需求與想達到的目的

當你清楚你現在的情緒與過往創傷有關，但與現在有關的，其實除了失望，還因為「你的想念」。能有這樣的釐清，會讓你在你接下來的對話，減少指責。

有一個重點是：每一次你要指責、攻擊對方前，你需要先想想，**你想要達到的目的是什麼，以及你現在的行為，是否能達到你的目的**。

因為羞辱創傷的後遺症，就是在任何「危機事件」發生時，會讓我們下意識用自己**習慣的防衛機轉**去應對，但是在親密關係時，這個防衛機轉可能會無效，甚至傷害我們的關係。因此，停下來理解自己的感受與需要，並且試著表達，非常重要。

而如果你的表達，總是夾著指責與攻擊，大部分的人多半會不想聽、不接受，或是也會防衛或攻擊你。因此，**試著表達出你真正的需求與脆弱，才有機會獲得對方真心的理解**。

因此，你可以試著跟子女表達：

「工作那麼忙，一定很不容易，辛苦了。爸媽很想你，但是更希望你不要太勞累。如果有空回家，再跟我們說，記得好好照顧自己。爸媽很愛你。」

你會這麼想念兒女，希望他們回家，一定是因為對他們的愛與珍惜，那麼，表達出這個珍惜，正是會讓兒女感受到你們的愛，而會想念你們，想要回家的動力。

當你不再以控制的方式要求他們，而他們願意回家時，這才會讓你真心感受到「原來你們是在意我的」，**也才能得到真正的安全感**。

◎尊重每個人的自主權：拒絕，不等於不愛你

有些時候，對方仍然可能會有自己的困難。練習在不安時安撫自己的情緒，告訴自己，需要尊重他們是獨立的個體，而不能強迫別人按照自己的方式做，或是滿足自己的需求。

不過，如果你清楚自己的需求，很多時候是因為自我困在過往的創傷裡，使得**許多恐懼與害怕，其實不一定和現在有關，而是與過去有關**時，請開始進行療癒六階段。

慢慢地，你會發現自己的需求其實沒有那麼多，也沒有這麼需要控制別人。

當你能夠表達自己的脆弱、表達愛，也可以獲得別人真心的對待時，內心的匱乏與黑洞，才有機會補起來。

如此，彼此的關係，就不是只有傷，而是有機會開出花。

◆我太害怕了：滿足別人期待——討好者的新關係模式建立

◎過度討好別人的困難

關於討好者而言，「討好」一直是自己減少衝突，甚至是獲得人際關係的一種方式。因此，練習把注意力從「別人」拉回「自己」身上，清楚自我的感受，安撫沒有滿足他人需求的焦慮與罪惡感，是討好者最重要的功課。

在這項新關係模式的練習上，可以參考前面提到的「情緒界限」的練習，不過在這裡，我要再討論一個很容易困擾「討好者」的部分，就是「都是我的錯」的內在負面標籤，也就是——習慣為他人情緒負責的罪惡感。

◎習慣性的罪惡感

對於討好者來說，處理施予羞辱創傷者的情緒，是他們讓自己「安全」的方法。因此這使得討好者很敏感於周遭的氣氛、他人的情緒，並且會在他人情緒不好或氣氛不好時，誤以為是自己的責任。

當你遇到這種情況時，請務必提醒自己：「這不是我的責任，只是我的習慣。但現在的我是安全的，我可以選擇，這不關我的事。」

請開始練習：讓自己不要再去成為承擔別人情緒的人，讓自己有機會跳脫出過往被情緒剝削的習慣。如果發現不容易，請把注意力從別人身上拉回自己身上，問問自己：「現在我感覺如何？」「我真的想要這麼做嗎？」

永遠不要忘記，**你可以有「討好」這個能力，但是這個能力要用在誰身上，你可以自己決定。**

◎沒有界限而被控制的自卑

如果「討好」是一種能力，那麼為什麼做得到「討好」的你，時常會覺得自己不夠好，而以他人為主呢？

因為，**當我們一直把自己的能力用來服務其他人，一直要求自己要放棄自我的感受去滿足他人，我們的自我會愈來愈小**，我們也會覺得自己一點都不重要。

因此，做得愈多，我們會對自己愈失望，也會因而更感受不到自己的重要性。

甚至，我們會因而怨天尤人、懷疑自己的存在感，甚至對於自己被控制的狀態自怨自艾，甚至會開始恨那些這樣對待我們的人。

可是，這其實也有可能會出現一個盲點：

或許你身邊的人並不一定這麼需要你的照顧，但他卻也習慣了你的照顧。當你不表達自己的感受，提出自己的需求，並且放棄使用自己的能力來滿足自己，只去滿足別人時，你也必須要負起自己的責任，了解會造成這個結果，**的確也跟你的選擇有關**。

知道這個選擇，並非責怪自己。而是當我們知道，原來這是我們的選擇時，我們人生的主控權就不再只掌握在他人的改變與否，而是在我們自身，是否要繼續這樣的互動模式，或是繼續這樣的關係。

◎記得提醒自己：「他的情緒，是他的責任，不是我的。」

對討好者來說，時常因為習慣性的罪惡感與討好，讓自己困在責任感與「都是我的錯」的內在負面標籤中。討好者需要提醒自己：**唯有當對方的情緒不是你的責任時，你才有能力與力氣，試著去理解對方的感受**。

這並不代表我們自私地不管他人的情緒；而是，面對同一件事情，每一個人產生的因應情緒都是不同的。自我需要去負責自己產生情緒的因應與調適策略，而這並非他人能夠承擔的責任。

但是，當這是我們的「重要他人」時，我們願意去接納、理解他們的情緒。

當我們放下自己對他人情緒的責任，我們才有力氣能試著了解：「有的時候，別人對我失望，不是因為我做錯了，而是因為我對他是重要的。」

例如，原本說好要回家與父母團聚的你，因為工作而沒辦法回家。面對父母的失望，如果一味地覺得自己需要安撫他們的心情，按照他們的方式去做，你會覺得壓力很大、很有責任，反而感受不到彼此的愛，只會感受到壓力與罪惡感。

但若你能夠理解：「因為我對他們很重要，所以我沒回家，他們當然會失望。」那麼，或許你就有一些力氣，可以跟他們表達：「我雖然沒辦法回去，但我非常想你們。我會再找機會回去跟你們相聚。」

當抱著罪惡感或責任感，是很難做到這種「真正情感的理解與表達」。因為光面對內心的罪惡感，甚至「我沒做好」的羞恥感的啃噬，討好者就已經左支右絀、不知所措了；甚至，可能只能用煩躁、生氣等方式來「保護」自己，不讓自己感覺更糟、覺得自己不好。

如此，我們怎麼還能有力氣去理解別人，甚至有勇氣，將自己最珍貴，卻也最脆弱的情緒表達出來呢？

這正是關係中最重要，也最美好的部分，只是，它時常藏在我們的防衛之後，沒有被我們最重要的人知道。

這真的非常可惜。

或許，一起試著將情緒責任還給對方，練習純粹的理解對方、表達自己；這並不容易，但卻是身為一個人，所能擁有的最美好時刻之一。

也是，身為人，才能擁有的幸福。

重視自我的感受並表達，是自我尊重與建立平等關係的第一步；不承擔他人的情緒責任，拿回選擇權，是自主、自立的第一步。

而這，正是討好者在建立關係的新模式中，最重要的一件事。

◆這世界一定會讓我失望：追求完美者的新關係模式建立

以「逃」的方式面對羞辱創傷的人們，時常會**發展出一套「靠自己最好」的生存策略**。

「不要跟人有關係、不要讓人看到自己的弱點，也不要讓別人有機會再找我麻煩，這樣，我就不會再陷入過往那種羞恥感中」，不用再因為自己不夠好，而因此痛苦、難堪，甚至憤怒。

時常帶著「這世界是危險的，一定會讓我失望」的心情，以及「我不夠好」的內在負面標籤，「逃」的羞辱創傷者，也很常會出現情緒隔離，或使用完美主義、自我挑剔，或是出現「冒牌者現象」等來保護自己。

◇◇◇◇

但讀到這裡，可能你會有點疑惑：「如果他們是『逃開』，為什麼會是這麼積極地要求自己呢？」

前面提到，對於以「逃」為策略來面對羞辱創傷者，最大的特色，就是會「控制自己」：想辦法把自己的「防護網」給建好。因此，「情緒隔離」當然是一種很好的防衛機轉，但是，若可以把自己防護得無懈可擊，這樣應該會更減少「羞辱創傷」帶給自己的傷害。

對他們來說，如果別人認為「我不夠好」會傷害到我，那我就把自己變得完美無缺，比別人挑剔我還挑剔自己、還要求自己，而且不要跟任何人產生關係，這樣我就不會需要面對別人對我的期待、掌控，以及當我做不到時，感受到「別人對我失望」的心情。

當然，跟人保持距離，我就可以不用擔心會受傷，也不用擔心我會對別人失望。我可以活在我自己建造的保護網中，不再受傷。

這樣以「逃」為策略來面對羞辱創傷的人們，最大的困難，就是如何卸下防衛，與他人建立關係，以及如何了解自己的感受，知道自己真正想要的是什麼。

◇◇◇◇

很多時候，「逃」的這個生存策略不會單獨發生，而是會結合「討好」，甚至因為壓力過大，而讓人逃到上癮行為中，例如工作、電動、購物等。

會逃到上癮行為中，和「逃」的人們不擅長接觸自己的感受、安撫自己，也不習慣藉由與人建立關係來增加安全感與親密感有關。

當我們覺得孤獨，但內心又有親密的需求時，「物質」就會變成一個被作為替代品，和世界產生關係的媒介。因為和人建立親密關係，風險太高，而使用物質滿足這方面的需求，相對安全。

也就是說，和**「戰」**、**「討好」**者**「向外管理、控制」**的方式不同，**「逃」的方式，多半是「向內管理」**。

使用所有自己能控制、不用依靠於人的方式，讓自己獲得安全感、自我成就感、親密感……這樣，就可以不用面對建立關係可能的風險與失敗，不用面對那些未知的不安。我的心不會掌控在別人手上，這樣我就不會受傷。

不過，這樣時常「情緒隔離」、對自己需要「極度掌控」，又對世界「沒有信心」、不容易與人建立親密關係的「逃」，在這樣高自我要求又自我保護的情況下，時常會累積許多壓力而不自知。

因此，關於「逃」的朋友，我想建議你們：

◎建立合理的標準，聽從自己身體的聲音，學會放過自己

關於「合理」的定義，其實就是**讓自己能有一些「可能做不到」或「沒有做得那麼好」的時刻**。或許看到這句話，你已經渾身不對勁：「為什麼要這樣？為什麼不能自我要求？」

不過，我的提醒是，你可以問問你內心的聲音：

當你的自我要求是因為「這麼做，我很喜歡」，甚至是不自覺時，多半是沒問題的；但**若你的自我要求是因為「害怕」**，且這個害怕是無法描述的，並非真的是沒做到會發生什麼恐怖的事情時，**你可能就要先緩一緩**。

對於「逃」的人們，你們需要**找回自己的感受與和身體的連結**，做為合理評估自己與合

理要求自己的提醒，否則，你們會做得太過，讓自己燃燒殆盡；也需要練習安撫自己內在的「唱衰魔人」，才能讓自己不要嚇自己，跌入你自己構築的恐懼陷阱中。

因此，好好練習療癒六階段，對你重新找回感覺、自我安撫並且理解自己是有幫助的。

◎問問自己：我真正想要的是什麼？——接觸感受，展現脆弱

「逃」的人們，很容易在自己所建立的目標中，衝刺地忘了自己想要的是什麼。因為面對壓力，時常會使用「情緒隔絕」的方式，使得日常生活很多時候沒有細修的機會，甚至因為失去感覺，會一邊沒有感覺地想「我到底為了什麼這麼努力」，但另一方面又停不下來。

然後，慢慢地覺得人生沒有意義，不知道為什麼要活著，因而覺得迷惘、困頓、憂鬱。

畢竟，一直要證明「自己是夠好的，所以請你們都不要傷害我」，是一件非常辛苦的事情。如果今天我再好，我都是一個人。那麼，這些好，真的那麼重要嗎？

如果你的內心仍渴望與人連結的機會，那麼需要做的，是開始試著敞開自己，讓你能夠認識別人，別人也能認識你。

因為，所有親密關係的建立（不論任何關係），都只有一個方法：

當我有機會認識你、理解你，了解你內心的脆弱與無法向人分享的心情，我會感覺到自己被你信任，而與你「同在」。那種連結，是任何事物都無法替代的。

而當你有機會分享自己的脆弱、接觸自己的情緒時，你才會感覺到，自己活得像人，而不是像機器人一樣，每天做著一樣的事情，達到許多目標；當你有機會讓別人理解你，也能理解別人時，當你願意分享自己，也願意接受別人對你的照顧時，這其實就是讓你感受愛，也讓你感受到自己存在的意義。

因為，**別人願意照顧你，不是因為「你造成他們麻煩」，而是因為「他們愛你，所以他們願意」**。

◆世界真的好可怕，我就爛就好：上癮、自我隔離者的關係建立

在面對羞辱創傷時，「上癮行為」或「自我隔離」，是「僵」模式的人們很容易會出現的生存策略。特別是：因為感受到自己無法應付這個世界的困難狀態，因此使用各種物質來麻痺自己，或是讓自己與這個世界不要有任何互動，甚至讓自己躲起來、繭居，減少對世界與對自己的失望感。

實際上，如果很明顯使用「僵」模式來應對羞辱創傷者，可能是在這四種情況中，看起

來生活最失功能的。

因為那種想要「與世隔絕」，讓自己整個躲起來的狀況，是類似「退化」——回到母親子宮的狀態。但如果這個狀況太久，會讓自己更難與他人、與自己產生好的關係。

只是，原本會使用「僵」策略的人，就是屬於：很少有外在世界的正向連結經驗，也很少對自己的力量有正向感受的人；而若使用太久「僵」的策略時，更容易讓自己產生更大的無力感，而出現自我放棄的狀況。

而且，「僵」模式很容易陷入物質依賴的上癮行為中，而上癮行為，在現在社會又是很容易被貼上「糟糕」、「無法自我控制」的標籤。因此這樣的情況，就會產生一個難以破解的惡性循環。

對於「僵」模式的人所需要的協助與資源較多。但首要的，是「連結」——建立你與自己，還有與他人的連結關係。實際上，**要破除上癮行為，最大的方法就是「連結」**，因為只要有新的連結可以提供上癮行為提供的好東西，上癮行為就有機會被放棄。

更何況，對於「僵」的人來說，能夠感覺自己被愛、被信任，會讓他們有機會相信自己是好的，也才有機會從自我封閉、自我放棄的泥淖中脫離。

電影《遇見街貓BOB》其實就是在講述這樣的故事：當主角撿到了一隻貓之後，他努力想要戒除毒癮，好好地和貓在一起、照顧牠。

我們不一定有辦法馬上和別人產生連結，或是立刻養一個寵物，但是，我們可以和自己產生連結，建立與自己的好關係。

◇◇◇◇

若你願意，開始療癒六階段，讓你重新拿回自己的感受，撕下你的負面標籤，也開始學會疼惜自己。如此，你有機會拿回自己的力量後，請問問你自己：我想成為一個怎樣的人。

當你身邊有愛時，不要急著推走，不要急著覺得自己不配。那些拒絕與不信任，傳達的訊息，不只是你不夠好，而是就像跟對方說：「你給的東西不夠好，所以我不要。」

我相信這不是你的意思。所以，試著接受別人對你的愛與幫助，好嗎？

或許暫時，你會需要比較多的資源來幫助你脫離泥淖，但是，那不是因為你不夠好，而是因為有很多人，相信你是好的。

開始進行創傷知情與療癒，找專業的心理醫療資源多方協助自己……試著去練習了解羞辱創傷對你的影響，會比不去看來得對你有幫助。

因為**當你不去看，那些羞辱創傷的傷痛，會成為你自己的祕密恥辱，反而會回過頭一直傷害你**。你必須知道，「**發生在你身上的事情很糟糕，但並不是你很糟糕**」，這是你開始合理地認識自己的第一步。

當你有機會對自我的看法改變，知道自己並沒有因為外在的這些事件發生而變得不好，學會自我接納後，你才會相信，現在的世界，不會像以前這麼糟，而你會受傷，但也會遇到愛你的人。

重點是：現在的你，是撐得住這些的。因為，你陪伴著自己、和自己站在一起。

你沒有放棄你自己。

這是最重要的。

一起把內心那個「好的自己」找回來
——你知道嗎？這不是你的錯

在這本書的最後，我想要分享一部我很喜歡的電影：《心靈捕手》。

《心靈捕手》中的主角，從小受虐、穿梭在不同寄養家庭的天才年輕人威爾，是一個標準受過「羞辱創傷」的孩子。他擁有許多人羨慕的才華，卻用著非常暴躁、帶刺的方式，拒絕這個世界，嘲笑著這些大人。

對於自己的才華，威爾自大著，但卻也自卑著。他可以很輕易地做到別人，甚至知名數學教授都做不到的事。那些別人極為看重、珍惜的事情，對他易如反掌；但他真正想要的事情，卻如此困難得到——

想要真心感覺自己是有價值、是好的；能說出自己是需要愛的，也能夠好好愛人。而不再被內心的自卑、不安給綁架，然後反過身來，瘋狂地攻擊身邊所有人——特別是重要的人。

當威爾聽到女友要去加州念醫學院，即使女友邀請威爾同行，但**這件事造成了威爾的「情緒重現」**：他的內在負面標籤「我不被愛」與「我會被拋棄」所造成的不安全感、羞恥、憤怒等情緒，向他席捲而來，於是威爾就做了他最擅長的事情：

關閉自己的感覺，對自己所愛的女友說：「我不愛你。」

在自己受傷前，先拒絕別人、拒絕這個世界，「這樣我就安全了，我就不再受傷。」

◇◇◇◇

過去被家暴與穿梭於不同寄養家庭的創傷經驗，讓威爾心裡一直有這樣的害怕：

「真能相信你的愛嗎？在我被拋棄、傷害這麼多次後，我怎麼能相信，你跟別人，真的不同？我怎麼能告訴你，關於我的痛苦與脆弱，而不怕你看不起我、嘲笑我？」

因此，他豎起了他的防衛保護網：冷酷、無感、拒絕。

「在世界拋棄我前，我先拒絕這個世界，這樣，我就不會受傷。」

因為帶著期待而又再度受傷的感受，太難承受。因此，他寧願先拒絕對方，即使愛他的人，可能因而受傷離去，他也在所不惜。

威爾也戲謔地嘲笑著每個羨慕他的才華，想要他的才華的大人們，嘲笑著他們的「想幫忙」。強烈的自卑與不安，讓他必須相信：「現在的我很好，我不需要你們，我現在就很好了。」

但內心，很深的洞，總在他毫無防備時，把他整個人拉下去。

在心理治療師尚恩的真誠與理解中，威爾漸漸開放了自己。當尚恩與威爾談到過往被繼父毒打的受虐經驗時，尚恩很認真的對威爾說：「這不是你的錯。」威爾從假裝無所謂地回答：「嗯，我知道。」到崩潰大哭，抱著尚恩說：「我真的很抱歉。」時——

那時的眼淚，才是原諒自己的眼淚。

◇◇◇◇

看著電影的這一幕，我濕了眼眶。

主角威爾，是一個遭受家暴、承受著沉重的羞辱創傷的孩子。當心理師慢慢陪著他、帶著他，讓他有機會重新回到自己的創傷經驗時，那句「這不是你的錯」，是理解，也是哀悼。

理解那時候的你有多痛，理解並不是你真的做錯了什麼，**因為沒有任何的錯值得那樣的痛打**；這也是哀悼，哀悼當時你遇到了無法好好對你的人，讓你受到這樣的創傷，遭受這樣的傷痛。

那真的很痛，不只是你的遭遇，還包含你身邊的人、他們沒有能力提供你更好的環境與對待。

可是，你知道嗎？這真的不是你的錯。

不夠好的不是你，是你當時遭遇的事。

就如同電影中，心理師尚恩與數學教授爭論，怎樣對威爾最好時，尚恩說：「他是個好孩子。」

他是個好孩子，只是他並不知道、並不相信，所以他用壞的樣子掩飾自己。

其實，只是為了讓自己不再受傷而已。

那讓我們一起把那個好的威爾找回來吧！

「Good Will Hunting」，這就是電影的劇名。

而，更加動人的，是威爾的好友查克，看著擁有才華的威爾，遲遲不敢去面對時，對威爾說的一番話。

「你是我的死黨，所以別誤會，但二十年後如果還住在這兒，到我家看球賽，還在蓋房子，我會他媽的殺了你。那不是恐嚇，我會宰了你。你擁有我們沒有的天賦。」

「哦！拜託，為何大家都這麼說，難道是我對不起自己嗎？」

「不，你沒有對不起自己，是你對不起我。因為我明天醒來五十歲了，還在幹這種事，無所謂。而你，已經擁有百萬彩券，卻窩囊的不敢兌現。我會不惜一切交換你所擁有的，其他這些人，也是。你再待二十年是汙辱我們，窩在這裡是浪費你的時間。」

「你懂什麼？」

「我告訴你，我懂什麼。我每天到你家接你，我們出去喝酒笑鬧，那很棒。但我一天中最棒的時刻，只有十秒。從停車到你家門口，每次我敲門都希望你不在了。不說再見，什麼都沒有，你就走了。我懂得不多，但我很清楚。」

能夠擁有這樣的愛，威爾，仍是個幸福的人。

◇◇◇◇

面對羞辱創傷、重建自我與他人關係的過程中，是一件很不容易的事。我們需要重新認識自己，找回自己真正的感受，建立對自我的同理心，以及重建對這個世界的信任感。要做到這些，第一步，是先看到自己的傷，並且抱抱一直好努力的自己。

不要忘記：

不是「你好糟糕」，而是「發生在你身上的事情好糟糕」。

當你因為勇敢面對，看見自己的傷而流下了眼淚，這不是軟弱，而是對自己一路上獨自努力撐過來的理解與擁抱，也是對過去傷口的療癒；

傷是真的，或許要再度信任人是難的；但當你願意再給自己一個機會，重新學會信任你自己、信任身邊的人時，愛，將會是你最好的禮物。

祝福你我。

國家圖書館預行編目資料

羞辱創傷：最日常，卻最椎心的痛楚／周慕姿著.——初版.——臺北市；寶瓶文化事業股份有限公司,2022.05
面； 公分,——（vision；228）
ISBN 978-986-406-296-6（平裝）
1.CST：心理創傷 2.CST：心理治療
178.8 111006861

Vision228
羞辱創傷——最日常，卻最椎心的痛楚

作者／周慕姿 心理師
副總編輯／張純玲

發行人／張寶琴
社長兼總編輯／朱亞君
資深編輯／丁慧瑋 編輯／林婕伃
美術主編／林慧雯
校對／張純玲・陳佩伶・劉素芬・周慕姿
營銷部主任／林歆婕 業務專員／林裕翔 企劃專員／李祉萱
財務／莊玉萍
出版者／寶瓶文化事業股份有限公司
地址／台北市110信義區基隆路一段180號8樓
電話／(02) 27494988 傳真／(02) 27495072
郵政劃撥／19446403 寶瓶文化事業股份有限公司
印刷廠／世和印製企業有限公司
總經銷／大和書報圖書股份有限公司 電話／(02) 89902588
地址／新北市新莊區五工五路2號 傳真／(02) 22997900
E-mail／aquarius@udngroup.com

法律顧問／理律法律事務所陳長文律師、蔣大中律師
如有破損或裝訂錯誤，請寄回本公司更換
著作完成日期／二〇二二年二月
初版一刷日期／二〇二二年五月二十七日
初版十九刷日期／二〇二四年二月二十一日
ISBN／978-986-406-296-6
定價／四〇〇元

AQUARIUS 寶瓶文化事業

愛書人卡

感謝您熱心的為我們填寫，
對您的意見，我們會認真的加以參考，
希望寶瓶文化推出的每一本書，都能得到您的肯定與永遠的支持。

系列：vision 228　**書名：羞辱創傷——最日常，卻最椎心的痛楚**

1. 姓名：＿＿＿＿＿＿＿＿　性別：□男　□女

2. 生日：＿＿年＿＿月＿＿日

3. 教育程度：□大學以上　□大學　□專科　□高中、高職　□高中職以下

4. 職業：＿＿＿＿＿＿＿＿

5. 聯絡地址：＿＿＿＿＿＿＿＿＿＿＿＿＿＿＿＿

   聯絡電話：＿＿＿＿＿＿＿＿　手機：＿＿＿＿＿＿＿＿

6. E-mail信箱：＿＿＿＿＿＿＿＿＿＿＿＿

   □同意　□不同意　免費獲得寶瓶文化叢書訊息

7. 購買日期：＿＿年＿＿月＿＿日

8. 您得知本書的管道：□報紙／雜誌　□電視／電台　□親友介紹　□逛書店　□網路
   □傳單／海報　□廣告　□瓶中書電子報　□其他

9. 您在哪裡買到本書：□書店，店名＿＿＿＿＿　□劃撥　□現場活動　□贈書
   □網路購書，網站名稱：＿＿＿＿＿＿　□其他＿＿＿＿＿

10. 對本書的建議：（請填代號　1. 滿意　2. 尚可　3. 再改進，請提供意見）

    內容：＿＿＿＿＿＿＿＿＿＿

    封面：＿＿＿＿＿＿＿＿＿＿

    編排：＿＿＿＿＿＿＿＿＿＿

    其他：＿＿＿＿＿＿＿＿＿＿

    綜合意見：＿＿＿＿＿＿＿＿＿＿＿＿＿＿＿＿＿＿＿＿

11. 希望我們未來出版哪一類的書籍：＿＿＿＿＿＿＿＿＿＿＿＿

讓文字與書寫的聲音大鳴大放

寶瓶文化事業股份有限公司

（請沿此虛線剪下）

廣　告　回　函
北區郵政管理局登記
證北台字15345號
免貼郵票

寶瓶文化事業股份有限公司收

110台北市信義區基隆路一段180號8樓

8F,180 KEELUNG RD.,SEC.1,

TAIPEI.(110)TAIWAN R.O.C.

（請沿虛線對折後寄回，或傳真至02-27495072。謝謝）